Carlos Torres & Sueli Zanquim

MENSAGENS DO NOVO MUNDO

EDITORA
ERA DE OURO

Publicação:
Editora Era de Ouro

Editor:
Carlos Torres

Produção e Capa:
Equipe Técnica Era de Ouro

Revisão:
Sueli Zanquim

Dados Internacionais de Catalogação na Publicação (CIP)
(Câmara Brasileira do Livro, SP, Brasil)

Torres, Carlos
Mensagens do Novo Mundo / Carlos Torres & Sueli Zanquim . -- 1. ed. -- Jundiaí, SP : Ed. do Autor, 2012.

1. Espiritualidade 2. Evolução espiritual 3. Grande Fraternidade Branca 4. Mensagens 5. Revelações I. Zanquim, Sueli. II. Título.

12-00078 CDD-299.9

Índices para catálogo sistemático:

1. Era de Ouro : Grande Fraternidade Branca : Espiritualidade 299.9

Era de Ouro – www.leidaatracao.com.br

De:

Para:

Índice

"É impossível alguém contemplar o céu e não acreditar na existência do Arquiteto do Universo."

Lord Melquesedeque

O Novo Mundo

Não é por acaso que este livro está em suas mãos. Uma nova Era está se aproximando e com ela uma grande transformação vibracional. Segundo o Zodíaco Egípcio de Dendera, do antigo Egito, estamos entrando definitivamente na Era de Aquário.

As mudanças já começaram e estão se manifestando com força total ao redor de todo mundo.

O mundo mudará radicalmente em breve. Nosso objetivo é ativá-lo (a) e prepará-lo (a) para uma nova jornada, para um novo mundo, um novo modelo de integração entre as pessoas e uma nova forma de ver a sua própria vida.

Os sistemas de governo os quais acreditamos serem indestrutíveis, também sofrerão grandes mutações, visto que o mundo nos últimos tempos se encontra num imenso abismo governamental e alicerçado sobre extremas desigualdades socioeconômicas, estando a um passo de presenciar o caos.

Os governos precisam de mudanças e reformulações urgentes para caminhar rumo à Nova Era, na qual os acontecimentos vividos até então, serão meras lembranças de um passado que já se foi.

As pessoas já começaram a sentir essas mudanças a partir do final do ano de 2008, na economia mundial, na cultura, nas relações do homem com o dinheiro e na sua própria maneira de encarar a vida e suas relações pessoais e familiares.

O ápice dessa transformação acontecerá nos anos que sucederão o ano de 2012, o início definitivo da grande Era de Ouro, a Era de Aquário que durará aproximadamente 2.160 anos.

A partir desse ano, tudo se tornará mais acelerado e nossas vibrações mentais acompanharão essa aceleração.

No decorrer da leitura deste livro, compreenderá que você não está caminhando para uma era de destruição e desespero, como muitos estão pregando, mas sim, que estamos vivenciando algo nunca visto pelo homem, algo que acontece ciclicamente no Universo e, no entanto, nunca tivemos a oportunidade de presenciar.

Teremos a possibilidade de ver e sentir essa grande passagem de Era e iniciá-la como se fôssemos os pioneiros de um novo mundo repleto de novas oportunidades, novas tecnologias e avanços incríveis no campo da espiritualidade em conjunto com a ciência, para descobrirmos enfim, o que ainda está oculto aos nossos olhos e intocável aos nossos corações.

Muitas mudanças virão para ampliar nosso conhecimento e nossa evolução como seres humanos na Terra. Devemos sim nos preparar para o melhor e não para o pior. Não haverá destruição, somente elevação.

Nossa finalidade é ajudar as pessoas a se prepararem e se libertarem da egrégora de medo em que vivem.

A Era de Ouro terá como base o bem-estar e a abundância, mas antes disso, será necessária uma preparação, pois uma passagem de Era não é como um apagar e acender de luzes necessita-se de um período para que seja estabelecida essa passagem, justamente para se ter uma adequação da consciência humana e de todos os seres vivos que coexistem conosco.

Os conhecimentos sobre o Universo não devem mais ficar nas mãos de poucas pessoas. A era da doutrina e dos dogmas está acabando, estamos entrando na era da informação, do conhecimento e do compartilhamento, nada mais poderá impedir a expansão da verdade no mundo.

Está previsto que Deus se mostrará definitivamente a todos na sua forma mais sublime e mais poderosa, Ele se apresentará de uma vez por todas como o grande Arquiteto do Universo, para que nos coloquemos novamente diante Dele e o glorifiquemos.

Quando isso ocorrer, a mensagem real surgirá imediatamente na mente de todos, dizimando todas as culpas humanas e trazendo à superfície da consciência humana, a mais alta vibração existente: a vibração do amor.

Deus se apresentará não como um homem, tão pouco como um messias ou como um escolhido.

A verdade divina não poderá ser reconhecida através da figura do homem. A verdade se apresentará através da Luz, porque Deus é a própria Luz, primeiramente através da luz física azulada do Sol Central da Galáxia e depois, por cadenciação, através de um segundo Sol que surgirá brilhante através de uma luz levemente esbranquiçada e azulada, isenta de calor, no horizonte oeste.

Quando a grande luz chegar e o grande pulso galáctico novamente se manifestar, receberemos uma grande onda de informação e esclarecimento. Através dessa luz todas as mazelas humanas e toda a escuridão se esvairão como se fosse um tsunami vibracional, retirando da Terra e dos seres humanos a grossa casca de medo, de sofrimento e desamparo, que durante séculos foram impostos em nossas mentes e construíram nossas condutas pessoais atuais, como os dogmas, os julgamentos e a crença absoluta na falta e na escassez do Universo.

No momento do grande arrebatamento, um silêncio quase absoluto tomará conta das mentes humanas e sem sermões, discursos ou dogmas, a verdade se apresentará individualmente a cada um. Cada pessoa saberá exatamente como prosseguir a partir daí.

Todos compreenderão a mensagem e a partir desse dia, os conceitos sobre o Universo e Deus, se transformarão completamente.

Será o início do que alguns chamam de a Era do Universalismo. Não exatamente um universalismo religioso, mas sim uma nova forma de ver e compreender o verdadeiro significado de Deus, o grande Criador, e também compreendermos a nós mesmos como suas Criaturas.

Acredite, um mundo unificado está por nascer, um mundo compartilhado e justo. Sim, queridos, o mundo está grávido de outro mundo!

Compreenderemos finalmente que existe, sim, uma força maior, uma energia suprema que tudo governa e perceberemos de uma vez por todas, que não somos o que pensamos ser, ou seja, os únicos e soberanos donos do Universo.

Diante Dele, as máscaras cairão e a verdade virá à tona.

Nesse momento um novo ciclo cósmico se iniciará, os grandes raios dourados do novo Sol resplandecerão no oeste e surpreenderão a todos com a sua magnitude.

A emoção será indescritível. Um sentimento de vitória invadirá a Terra como se fosse uma avalanche de bem estar e amparo espiritual, algo nunca antes visto por seres humanos nos últimos 13.000 anos.

"Já conhecem quem os abastece: O Sol. Já conhecem quem os abriga: A Terra. Mas ainda não conhecem quem os criou. Essa será a grande revelação: O Apocalipse de João."

A palavra Apocalipse significa ***Revelação*** e não destruição, catástrofe, fim dos tempos ou qualquer coisa desse gênero.

Os majestosos e espetaculares raios dourados do novo Sol chegarão impávidos e finalmente mostrarão o poder da Era de Ouro sobre a Terra.

Os próximos dois milênios serão marcados essencialmente pela prática da abundância, do bem-estar, do amor incondicional e do compartilhamento mútuo entre as pessoas.

Instalar-se-á em meados da década de 20 do século XXI, um novo sistema sócio-econômico e a dissolução quase que completa do sistema capitalista atual. Veremos a integração de um novo sistema econômico financeiro, baseado numa nova Lei Universal a qual mudará todas as formas de relacionamento humano, desde os relacionamentos familiares até os relacionamentos coorporativos e políticos.

Esse novo sistema terá como base a ***Lei do Compartilhamento***, a única lei que será capaz de livrar os seres humanos dos tentáculos do medo e das garras da ansiedade, da depressão, da frustração, do desamparo espiritual, do abismo existencial e do medo da morte que toma conta de muitas pessoas ao redor do mundo atualmente; da falta de confiança, da crença na incapacidade de realização de sonhos pessoais, da cegueira espiritual, para salvar a humanidade do egoísmo e do individualismo exacerbado, que é sem dúvida o tendão de Aquiles da maioria dos problemas da sociedade moderna.

Esse sim, o individualismo exacerbado, poderá se tornar um monstro indomável para a sociedade futura se não for encarado a partir de agora: o individualismo e o egoísmo sem limites são muitos perigosos para uma sociedade que deseja evoluir.

É somente um alerta, pois na verdade não devemos temer um segundo sequer o futuro e qualquer mal que ele possa nos trazer. As primeiras palavras deste livro devem servir apenas como um aviso e não como algo amedrontador.

Não foquemos durante esta leitura, temas que conectem nossas mentes ao medo e ao sofrimento, afinal, como já devem saber, tudo o que damos à devida atenção, acaba de uma forma ou de outra, tornando-se uma verdade em nossas vidas.

* Recomendamos a leitura do livro A Lei da Atração dos mesmos autores. www.leidaatracao.com.br.

Está prevista a implantação completa da Lei do Compartilhamento na Terra e será exatamente através dela que o amor se manifestará em glória em todos os cantos deste planeta.

Pode até parecer utópico e romântico demais da nossa parte falar dessa maneira com você leitor (a), mas acredite a verdadeira fraternidade, a liberdade e a justiça serão implantadas definitivamente na Terra, pois essa é a escatologia e o destino humano. Isso está previsto e determinado para acontecer dentro dos anais do tempo.

Devemos apostar todas as fichas na humanidade, por pior que ela pareça ser e estar atualmente devemos acreditar no poder de transformação que nós temos.

Mas o poder do homem só pode se transformar em algo realmente poderoso se estiver baseado na ***União*** e no ***Amor Incondicional***, caso contrário, lutando sozinho e vivendo uma vida baseada no individualismo e fundamentada apenas no acúmulo de bens e dinheiro, o homem não poderá chegar realmente a lugar algum. Se não mudarmos a nossa conduta interna e em seguida exteriorizar isso para o resto do mundo, para outras pessoas e para a natureza, estaremos certamente fadados ao fracasso.

Nós não acreditamos nisso um segundo sequer. Não acreditamos no caos e no fracasso do ser humano. Por esse motivo gostaríamos que você também não acreditasse.

-Mas o que fazer?

As mudanças virão rapidamente, não se preocupe nada será imposto, tudo será proposto, ou seja, será tudo colocado a mesa para que cada um faça a sua escolha e tome a sua decisão pessoal.

A Nova Terra não será um lugar diferente, um mundo diferente, do ponto de vista visual, nada mudará fisicamente, a diferença maior será a forma como cada pessoa escolherá viver a sua própria vida, ou seja, a conduta que cada um adotará perante si, perante a sociedade e perante o mundo. Será no fundo uma mudança coletiva, um salto vibracional conjunto que a humanidade como um todo dará.

Muitos farão parte desse novo mundo e muitos não farão, todavia nem por isso haverá uma segregação instituída, uma nova forma de preconceito ou algum tipo de discriminação, será uma atitude que **poucos** tomarão e que fará realmente a diferença para **muitos.**

Por exemplo, alguns optarão por continuar tendo como foco e como meta para as suas vidas, o acúmulo de dinheiro e de bens de consumo de última geração, e continuarão praticando o consumo inconsciente e supérfluo com sempre fizeram, mas outros optarão por ter como foco de suas vidas, a realização de um sonho pessoal, o cumprimento de um propósito de vida, procurarão ter uma visão mais espiritualista do mundo e viverão uma vida adequada aos novos padrões de consumo consciente, sem exageros e respeitando os suprimentos que o meio ambiente é capaz de fornecer.

Nem por isso essas pessoas deixarão de viver uma vida lucrativa e próspera, muito pelo contrário, através da Lei do Compartilhamento que será instituída, terão, além de muito lucro, também o poder e a satisfação de viver uma vida sem culpas e sem o sentimento medíocre de falta e escassez, que muitos estão condicionados a viver atualmente.

Veja, o novo mundo está possibilitando às pessoas agregarem valor às suas vidas e não mais vivê-las somente sob um prisma monetário e capitalista. As pessoas já podem começar a dar uma nova direção e um novo sentido para as suas vidas. Isso não impedirá que elas tenham acesso à riqueza, ao bem estar e a abundância. Muito pelo contrário, elas terão o acesso total e irrestrito a tudo isso.

Em poucas palavras podemos dizer que o Novo Mundo que está nascendo quer lhe dizer:

"Você não precisa mais sobreviver, você já pode viver."

Sobrevivência acarreta em sacrifício. A palavra sofrimento conecta nossas mentes imediatamente a palavra "**falta**", ou seja, falta de dinheiro, falta de amor, falta de motivação, falta de disposição, falta de alimentos, falta de água, falta disso e falta daquilo. No fundo, a palavra sobrevivência tem o mesmo significado que a palavra **"falta, desamparo e solidão",** o que leva a acreditar que vivemos uma vida sem sentido e sem um motivo real para ser vivida.

Nascer para sobreviver não faz sentido algum. É realmente um paradoxo viver assim. Sobrevivência é algo primitivo e quase animal, essa conduta de vida não pode ser encarada como uma conduta moderna, pois não está de acordo com os atuais discursos que vemos na TV e nos meios de comunicação que explanam nosso conhecimento tecnológico, as altas produtividades agrícolas, o avanço econômico e a gigantesca evolução da qualidade de vida das pessoas.

Não há possibilidade de existir uma real qualidade de vida nem qualquer avanço nesse sentido, se não tivermos ao menos a crença num mundo melhor no futuro próximo. Se não acreditarmos que podemos ser uma sociedade justa e direcionada para um crescimento social coerente, certamente estaremos sendo hipócritas.

Precisamos urgentemente dar um sentido real para nossas vidas, não é?

Sim, você precisa dar um sentido para sua vida. Sim, este é o momento, não há motivos para esperar mais nenhum segundo sequer.

Para fazer isso é importante começar a procurar a verdade que vibra no fundo do seu coração, é exatamente ela que dará um sentido real para a sua existência aqui na Terra. Os seus sonhos são a sua meta, o seu caminho, o seu prumo, a sua direção.

Você tem um destino, todos possuem um destino e uma meta.

-Sabe qual é o seu destino?

O seu destino é o seu próprio sonho. Aquele que se esconde lá no fundo do seu coração, que fica lá dentro quietinho só esperando o seu despertar para poder se manifestar. Sim, seu sonho é real e está vivo. Ele é a meta, ele é o caminho que o (a) levará ao encontro do seu destino.

O seu destino é o sonho e a vontade que vibra a todo instante dentro do seu peito. Aquele que não sai da sua mente e que geralmente não conta para ninguém, aquele que você sabe que é possível de ser realizado, mas sempre deixa em segundo plano, aquele que espera eternamente uma decisão sua para se manifestar em glória na Terra, mas na maioria das vezes, é engavetado e esquecido nas entranhas profundas do desânimo e do medo, e às vezes se cansa de tanto ser bombardeado pela crença na incapacidade e no **"não merecimento"**.

Querido (a), seu destino é seu sonho. Nenhuma cartomante e nenhum vidente ou adivinho, poderão lhe dizer qual é o seu destino, somente você tem a capacidade e a autorização de acessar a sua consciência e descobrir qual é o seu destino.

Pare e se lembre dos seus sonhos maiores para esta vida. Não estamos dizendo sonhos de consumo, estamos dizendo sonhos pessoais, realizações, ideais, legados que deseja deixar para a posteridade, projetos, criações, inventos, ideias e descobertas que podem mudar a sua vida e a vida de muitos. Compreende?

Todo o resto que necessita, como dinheiro, bens e riqueza, podem vir através desse seu despertar, do despertar da sua consciência e da sua própria verdade. Tudo o que é material é secundário perante os sonhos pessoais.

Toda riqueza da Terra se manifesta na vida daqueles que despertam e acessam seus planos secretos de existência, os seus destinos, os seus propósitos, as suas missões e as suas lendas pessoais.

Falamos sobre a **sobrevivência**, mas agora vamos falar sobre a **vivência**, ou seja, sobre viver e não sobre sobreviver.

Ao contrário da sobrevivência, a vivência conecta nossas mentes imediatamente as palavras:

* **convivência.**
* **compartilhamento.**
* **coletividade.**
* **cooperação.**
* **solidariedade.**
* **abundância.**
* **vontade.**
* **disposição.**
* **diversão.**
* **alegria e motivação.**

A vida foi concebida para ser vivida e não para ser sofrida.

É exatamente isso que queremos despertar em você, através desta leitura: a sua verdade própria, aquela que pode abrir os seus olhos e alavancar a sua vida de uma vez por todas.

Durante a leitura deste livro, vamos ajudá-lo (a) nesse despertar. Não se preocupe. Fique tranqüilo (a).

O Novo Mundo não é uma ilusão, nem uma utopia, é uma realidade que se aproxima a olhos vistos. Os benefícios que o Novo Mundo propõe, já estão à disposição de todos, você não precisa ficar esperando nem mais um minuto para entrar nesse fluxo de prosperidade e de novas possibilidades. Então, vamos em frente!

A implantação será rápida, pois é de extrema urgência que seja dessa forma.

O próprio homem implantará definitivamente as novas leis que gerenciarão o Novo Mundo. Não será algo que cairá do céu, como se fosse um milagre ou uma mágica será sim, uma sequência de ações pró ativas e fundamentadas em princípios lógicos e extremamente amorosos que farão a diferença num futuro próximo.

Nós adultos, seremos os pioneiros dessas mudanças, ou seja, os que plantarão as primeiras sementes que serão colhidas no futuro. Todas as pessoas, inclusive você, terá o seu papel específico nessa transição, não importa a sua classe social, sua raça ou o seu credo, tão pouco seu grau de intelectualidade ou sua formação acadêmica.

Tanto uma dona de casa, como o presidente de um país, terão suas funções determinadas, não terá ninguém melhor ou pior, nem ninguém será mais importante ou menos importante nesse processo. Para a espiritualidade maior que comanda as nossas vidas, todas as ações são úteis para o TODO e cada um está onde deve estar, não há diferença para eles, quando o quesito é a expansão e a evolução.

-Quem disse que o trabalho de uma dona de casa ou de uma enfermeira é menos importante para o mundo do que o trabalho de um político ou do presidente de um país?

Quem diz isso é o homem.

-Mas será que o homem sabe de tudo? Será que ele sabe o que está dizendo?

Certamente não. As hierarquias divinas que comandam o reino dos homens, dizem que não, que cada trabalho, que cada pessoa é tão importante quanto qualquer outra, alguns estão em posições diferenciadas e têm responsabilidades maiores ou menores, é claro, mas o propósito do ser humano é sempre o mesmo, ou seja, o de manter a vida a cada dia através da prática da justiça e do amor. Pode parecer estranho, mas o grande propósito da vida, é manter a própria vida.

Sim, nós, os adultos de hoje, seremos os pioneiros, mas serão as nossas criancinhas de amanhã, essas que ainda sequer sabem do que estamos falando agora, que implantarão definitivamente as novas leis e modificarão de uma vez por todas o mundo que viveremos num futuro próximo. Elas terão a responsabilidade de transformar o velho mundo atual, em um Novo Mundo.

Queridos, sejam Bem vindos à Nova Terra!

*** Recomendamos a leitura do Livro Best Seller: 2012 A Era de Ouro, dos mesmos autores deste livro, publicado pela Editora Madras no Brasil. Uma ótima fonte de conhecimento para quem deseja se aprofundar e compreender mais sobre os adventos da Nova Era, os detalhes sobre o Novo Mundo e ler as mensagens psicografadas dos mestres ascensos da fraternidade branca, que explanam com clareza os adventos que o futuro nos reserva. São 324 páginas de muitas revelações e mistérios ligados ao antigo Egito e Atlântida.**

Site oficial: www.leidaatracao.com.br

E as Catástrofes?

-Mas e os desastres naturais e as catástrofes que muitos teimam em profetizar?

Lembre-se sempre: o futuro depende do presente, do que estamos pensando e vibrando agora. O futuro é apenas um plano holográfico mental que está esperando para ser manifestado.

"Preparar-se para o futuro, significa fundamentar o presente."

Se autorizarmos e aceitarmos uma condição de destruição e medo, então o medo e as forças negativas e contrárias, podem realmente acontecer.

Muitas pessoas dizem que não fazem apologia às catástrofes, a violência e ao descaso humano, mas infelizmente esses mesmos que se dizem a favor da paz mundial, são os mesmos que criam as guerras e o sofrimento ao redor do planeta.

É triste ver grandes espiritualistas fazendo apologia ao fim do mundo e as desgraças humanas. Infelizmente estão fazendo o trabalho inverso e não percebem que estão totalmente contra os propósitos divinos maiores.

Não importa. As forças do amor são extremamente mais potentes e poderosas que as forças do medo.

O problema é que ainda estamos condicionados a aceitar tudo o que é dito e escrito por algumas pessoas que ainda possuem certa influência mundial.

Por esse motivo é de essencial importância que você desperte a sua consciência individualmente e não deixe mais, que outras pessoas tomem decisões e façam escolhas por você. É momento de ser autêntico (a), realista e ativo (a).

A Lei da Atração

"O que você pensa você sente, o que você sente você vibra, o que você vibra, você atrai para sua vida."

Vivamos o amor incondicional verdadeiramente em nossas vidas e não somente em nossas palavras.

Essa é a premissa básica da Lei da Atração. Através dela você cria a sua própria realidade.

A Lei da Atração diz que se você cria sua própria realidade, imagine só o que somos capazes de fazer todos juntos.

Imaginemos todos nós juntos sentindo, vibrando e atraindo tudo o que pensamos e alimentamos dentro das nossas consciências.

O futuro está diretamente ligado ao que acreditamos, o futuro depende de nós e da nossa forma de pensar.

O futuro é o reflexo do que estamos pensando e acreditando hoje. Compreende?

"O que você pensa, você atrai e se torna uma coisa real na sua vida."

A partir deste princípio, podemos tomar uma decisão, ou seja, podemos deixar que os outros façam por nós o que eles desejam que façamos ou então podemos tomar as rédeas das nossas vidas e começar a fazer algo em prol da humanidade e da nossa própria evolução. Afinal virão muitos depois de nós, nossos filhos, nossos netos e bisnetos. Não é?

-Que mundo será que deixaremos para eles?

-Que mundo você quer deixar para seus descendentes?

Se não pensa ou não quer pensar nesse assunto, desculpe, mas ainda vibra em seu coração, o egoísmo e o individualismo.

Infelizmente a maioria ainda pensa dessa forma.

Mas se lhe disséssemos que no mundo futuro, aquele que vai existir daqui a 50, 100 ou 200 anos, quem nascerá e viverá aqui novamente sobre a Terra e terá de enfrentar todos os desafios do mundo futuro, será você mesmo (a)?

Se lhe disséssemos que será você mesmo (a) que terá de enfrentar o mundo futuro como um dia o deixou no passado?

-Será que se soubesse disso, você sairia do seu confortável sofá e começaria a agir?

Acho que sim, pois quem viverá no mundo futuro não serão pessoas desconhecidas, que nunca vimos e que sequer conhecemos. Sim, seremos nós mesmos, porém numa encarnação futura.

Nem todos acreditam na vida eterna, pois é uma visão ainda muito espiritualista, mesmo assim, esta breve afirmação, pode despertar em você, seus potenciais e suas vontades secretas, e talvez um real sentimento ecológico que todos nós precisamos compreender de uma vez por todas. Sem aquela costumeira hipocrisia e sem aqueles discursos vagos sobre a proteção do meio ambiente.

"A ideia da existência da eternidade é tão apavorante quanto à ideia da existência da morte. Mas a eternidade é uma ideia libertadora e esclarecedora."

"É realmente maravilhosa a sensação de saber que é possível viver para sempre."

-Isso lhe assusta e lhe provoca?

Ótimo, isso é bom, pois a provocação tem como objetivo principal, provocar mesmo uma ação.

Você está criando o seu próprio futuro aqui mesmo no presente. Então, vamos parar de destruir e praticar injustiças. Vamos começar a criar um mundo de prosperidade a nossa volta. Você consegue fazer isso. Acredite, você só tem a ganhar praticando o bem e o amor.

O ideal é começar por você mesmo (a), pois não adianta querer mudar o mundo sem antes mudar a si próprio (a), ninguém muda o mundo de uma hora para outra, isso é utopia e perda de tempo, mas através do seu exemplo pessoal, você é capaz de mudar a vida dos que estão ao seu redor e das pessoas com quem convive.

Isso por si só já é um grande salto e um grande feito, pois sua ação tem o poder de elevar exponencialmente muitas outras pessoas.

Você tem poderes que nunca lhe disseram que possui. O poder do exemplo é um deles, ou melhor, o maior de todos.

O Mestre Jesus foi um ser exemplar. O exemplo que ele deixou foi demonstrar, que era acima de tudo um grande líder, e que como grande líder, tinha o dom de descobrir potencialidades incríveis em pessoas comuns.

-Quer continuar a ser um refém dos outros e fazer o que eles querem que você faça? Ou vai começar a tomar as rédeas da sua vida e seguir rumo ao encontro dos seus verdadeiros sonhos para esta vida?

Isso significa despertar a sua consciência e deixar de lado o que não faz mais sentido na sua vida. Vá ao encontro dos seus grandes sonhos. Não há motivos reais que lhe impeçam de fazer isso. Há?

-Para quê perder tempo com coisas que não lhe trazem prazer e bem estar algum?

-Para quê perder tempo falando mal de outras pessoas ou perder tempo invejando os que conseguem vencer na vida?

Ao invés de falar mal e julgar as pessoas que supostamente sejam corruptas e maldosas, comece a encontrar pessoas de garra e perseverantes, que possam se tornar exemplos para você, e ao invés de invejá-las passe a admirá-las.

Pessoas vitoriosas devem se tornar referências para a você e não fonte de inveja e julgamento. Compreende a diferença?

O julgamento foi criado para servir como se fosse um espelho para o homem. Quando uma pessoa fala mal ou fala bem de alguém, no fundo, ela está tomando aquelas pessoas e seus atos, como referências para a sua própria vida, e transformando esses atributos em verdades para o seu dia a dia.

Se você tem o costume de falar mal e achar defeito nas outras pessoas, acredite, assim também será a sua vida, maldosa e defeituosa. Mas se começar a admirar, elogiar e se espelhar em pessoas exemplares, justas, honestas e éticas, sua vida se tornará em pouco tempo, um reflexo de tudo isso, ou seja, viverá uma vida justa, honesta e próspera, baseada na ética e no bem estar. Compreende o poder que sua mente possui?

"Ao invés de perder tempo julgando aqueles que não fazem o bem, opte por cooperar e praticar o bem na sua vida. Ao invés de perder tempo invejando aqueles que vencem na vida, opte por admirá-los. Admiração é uma das melhores maneiras de se praticar a gratidão."

Admirar não significa assumir que o outro é melhor do que você, admirar é admitir e aceitar que o outro pode sim, se tornar um exemplo para você. Admirar o outro é como se estivesse agradecendo em silêncio por ter aprendido algo que ainda não conhecia.

Infelizmente estamos órfãos de pessoas exemplares e admiráveis atualmente, principalmente no âmbito espiritual. Estamos órfãos de lideres espirituais que sejam realmente amorosos e justos, pessoas que possam ser vistas como exemplos e guias para as nossas vidas. Não temos mais ninguém em quem nos espelhar. Infelizmente eles sumiram.

-Onde será que eles estão? Para onde eles foram? Porque ficamos tão sós?

Acreditamos que eles se foram, porque é chegado o momento do grande despertar pessoal, não podemos mais ficar à deriva, esperando que alguém faça por nós o que nós mesmos devemos fazer.

Como disse um dia John Lennon:

"É uma grande falta de responsabilidade esperar que alguém faça as coisas por nós."

É chegado o momento da ação.

O verdadeiro espiritualista do futuro, será aquele que agirá e não mais aquele que apenas ajoelhará e rezará, pedindo por ajuda e clemência divina. Esse tipo de espiritualista já não existe mais e terá pouca serventia no Novo Mundo.

O Novo Mundo pede por ação.

O Novo Mundo não quer que sejamos mais reféns, que sejamos manipulados por um sistema doentio, que está em franca decadência e continua sendo regido por pessoas doentias e decadentes.

Estamos sendo regidos por um sistema e não por um ideal, estamos sendo comandados pelo dito ***"Mercado"*** e pelas coisas materiais, pela ânsia desenfreada de adquirir bens e pela vontade de consumir qualquer coisa, sem critério algum, como se estivéssemos querendo preencher um grande vazio interior que infelizmente não pode ser preenchido com bens materiais e nem com dinheiro.

-Qual o motivo desse descontrole e dessa correria desenfreada?

Parece que todos estão vivendo um mundo de urgências e emergências, como se estivessem perdendo algo que sequer sabem o que é.

-Será que é tudo por causa do dinheiro?

Bobagem. O dinheiro é só uma muleta que encontramos para preencher algo que nunca conseguiremos preencher através dele. Ele é apenas uma muleta.

O dinheiro nunca preencherá o vazio da alma. Somente o amor próprio pode preencher esse grande vazio que há em nosso coração.

O dinheiro pode comprar tudo, no entanto nunca poderá comprar o amor próprio, o bem mais valioso do mundo.

O ser humano não consegue encontrar uma forma plausível de se amar verdadeiramente, e por esse motivo acredita piamente que esse amor que ele tanto procura, virá através do reconhecimento alheio.

Na maior parte do tempo, a nossa breve ignorância, nos diz que devemos acreditar que esse reconhecimento deve vir por intermédio do sucesso financeiro e da vitória sobre o outro, a qualquer custo e através da competitividade sem limites.

Sofremos porque não conseguimos mais nos amar o suficiente. Esse é o grande vazio da alma humana. A falta de amor próprio.

Devemos parar e nos perdoar, pois não temos culpa por pensar dessa forma, apenas fomos condicionados a viver assim e infelizmente aceitamos essa condição.

A pergunta é:

-Será que precisamos continuar aceitando?

-Mas como começar a preencher esse grande vazio interior que tanto mal nos faz?

-Como eu posso encontrar a verdadeira felicidade?

O ***Amor Próprio*** é sem dúvida o primeiro passo que uma pessoa deve dar, para começar a praticar o Amor Universal.

Estamos condicionados a um consumo irracional e inconsciente. Sabe-se que o consumo consciente é o único caminho plausível para se construir um sistema sustentável e biologicamente viável, mas o consumo consciente só poderá ser implantado, quando as pessoas estiverem despertas e esclarecidas sobre muitos aspectos que comandam a vida humana.

O consumo consciente não gera lucro para as empresas, por isso, ainda estamos somente no âmbito filosófico sobre este assunto. No entanto, quando as novas leis universais começarem a ser implantadas, como a Lei do Compartilhamento, aí sim, o consumo consciente não será mais uma exceção, muito pelo contrário, ele se tornará a partir daí, uma ***condição*** e uma nova forma de viver uma vida plena e saudável.

A Era do Eu

"Estar juntos é um começo, continuar juntos é progresso, trabalhar em conjunto, é sucesso."

Napoleon Hill

É incrível como não estamos conseguindo mais conversar profundamente uns com os outros.

De alguma forma, estamos vivendo uma espécie de guerra vibracional, ou seja, um necessitando de mais energia que o outro.

Isso acontece porque todos estão no fundo procurando desesperadamente por alguma fonte de energia. Sim, todos estão necessitando de energia psíquica e espiritual.

As pessoas estão procurando umas nas outras essa energia que tanto precisam. Infelizmente essa procura é uma perigosa armadilha, pois na verdade, estamos aprofundando nossas crenças num mundo extremamente individualista.

Por mais que digamos o contrário, acabamos caindo em contradição, porque no fundo estamos cada dia mais interessados em nós mesmos e nas nossas próprias crenças.

Esse é um momento único dentro da história moderna, nunca estivemos tão obcecados e apaixonados por nós mesmos e pelas delícias da matéria. Isso nunca aconteceu antes.

Já fomos apaixonados por Deuses, Deusas, santos e anjos, mas nunca nos apaixonamos por nós mesmos. A não ser quando lembramos dos relatos das antigas escrituras de Platão, em Timeus e Criteas, quando ele descreve sobre a paixão dos Atlantes e a grande queda que aquela civilização sofreu 9.000 anos antes de Cristo, (o dilúvio bíblico), por causa das paixões mundanas e o individualismo exagerado que eles praticavam naquela época.

Segundo os mentores espirituais que nos orientam, estamos vivendo os últimos momentos da chamada ***Era dos Eus.***

Ao mesmo tempo, eles dizem que é necessário passarmos por essa experiência conflitante, para depois darmos o devido valor à prática da coletividade e da caridade.

Isso deve ser mesmo verdade!

Parem e vejam quantos ***"Eus"*** dizemos durante o dia, desde o momento que acordamos, até o momento que nos deitamos para dormir. Vejam a enorme dificuldade que temos para conjugar a palavra *"Nós"*, durante o nosso dia a dia, no trabalho, em casa, com a família e entre os amigos.

Percebam como nossos diálogos interpessoais se transformaram radicalmente nos últimos anos. Vejam como eles são regidos pelos *"Eus"*. Sempre os *"Eus"*.

Vejam como estamos desesperados para falar sobre nós mesmos para os outros.

As pessoas não param mais para ouvir o que o outro tem para dizer, a não ser que seja um profissional e cobre para fazer isso.

Isso está acontecendo porque as pessoas estão precisando muito falar sobre seus próprios anseios aos outros, por esse motivo, não podem desperdiçar seu valioso tempo, apenas ouvindo o que o outro tem para lhes dizer, porque isso no fundo parece realmente não importar para elas.

Ouvir, está se tornando uma perda de tempo. Por isso, as pessoas mesmo achando que às vezes estão estabelecendo um diálogo com alguém, na maioria das vezes não estão, estão sim fazendo um monólogo, pois as outras pessoas que acreditam estar ouvindo o que elas têm para falar, também não conseguem escutá-las, porque também estão vivendo a mesma situação que todas estão vivendo. As pessoas estão desesperadas para falar sobre os seus próprios problemas e suas próprias convicções. Compreendem?

Isso é muito comum entre casais que supostamente deveriam dividir e compartilhar seus anseios e seus sofrimentos. Mas isso não está acontecendo.

Vejam como no fundo está se tornando difícil estabelecer um verdadeiro diálogo, estamos vivendo literalmente uma guerra energética, uma guerra de Egos, uma espécie de vampirismo energético. Isso tudo acontece porque as pessoas estão na verdade, buscando energia umas nas outras.

Podemos chamar essa fonte de energia de ***"Energia do Reconhecimento Alheio"***.

As pessoas estão buscando reconhecimento a qualquer custo, ou seja, uma energia psíquica que o Ego exige o tempo todo, para conseguir se manter vivo.

Então, já que não sabemos onde encontrar essa energia tão preciosa que o Ego tanto necessita a única forma encontrada foi através do reconhecimento alheio.

Isso pode ser perigoso, já que pode se transformar numa prática obsessiva e maléfica. Daí vem a palavra obsessão e a origem da palavra obssessores. Os obssessores são na realidade seres pouco esclarecidos e que necessitam de energia.

Precisamos dar um basta nessa obsessão compulsiva e parar de querer sugar a energia alheia. Precisamos reencontrar uma fonte energética que nos abasteça de verdade e que não prejudique mais o outro.

Nossos espíritos estão vazios e precisam ser preenchidos de alguma forma. Mas não é através do roubo alheio de energia que vamos conseguir preencher esse grande vazio.

A fonte verdadeira é a energia espiritual. Muitos já descobriram isso e já estão buscando preencher seus vazios interiores através da prática da meditação e do autoconhecimento. Muitos já começam a se conectar com a verdadeira Fonte de Energia Suprema ao redor do mundo, através das mais diversas formas de vivências extra-sensoriais.

Muitas pessoas estão fazendo isso porque descobriram que através do encontro consigo mesmo, podem chegar a Fonte que tudo abastece e que nunca para de jorrar.

Esse deveria ser o significado da verdadeira religião. A religação consigo mesmo (a). A palavra religião vem do latim e significa religare, ou seja, religação.

É realmente disso que estamos necessitando, nos religar com a Fonte que nos criou.

É chegado o momento de despertamos para uma nova sociedade compartilhada e cooperativa, pois sozinhos, guerreando uns com os outros, competindo e passando por cima de tudo e de todos, a qualquer custo, certamente não chegaremos realmente a lugar algum.

Perceba como muitas vezes você se sente mal quando está perto de determinadas pessoas. É comum sentir um mal estar momentâneo que rapidamente se transforma em fadiga, dor de cabeça, cansaço, náusea e dores musculares. Não é?

Esse é um dos sinais de alerta que é ativado para avisá-lo (a) que está sendo roubado (a) energeticamente.

Nesses momentos, deve ficar vigilante, não precisa sair correndo com medo de ser sugado (a) energeticamente, tão pouco precisa maltratar ou rejeitar a pessoa com quem está conversando, pois na maioria das vezes, essa pessoa sequer está ciente do que ela mesma está fazendo.

Se você estiver devidamente alerta e preparado (a) para perceber o que está acontecendo vibracionalmente naquele momento, poderá neutralizar as intenções negativas que estão chegando até você, vindas de outras pessoas.

Enfim, essa energia de que tanto precisamos é abundante e não cessa jamais. Ela está disponível e é tão abundante quanto uma cachoeira que nunca para de jorrar, basta ter conhecimento dela e começar a se abastecer da energia que ela emana sem parar.

A partir do momento que não mais necessitar da energia de outros para manter a sua própria energia pessoal, então, começará a praticar involuntariamente a verdadeira caridade.

Sem ônus e sem sacrifício algum para si e para o seu semelhante.

A sugestão dos mentores que nos auxiliam é que a partir de hoje, comecemos a modificar aos poucos nosso vocabulário cotidiano e tentemos pronunciar mais a palavra ***Nós*** e menos a palavra ***Eu*** durante o nosso dia a dia.

Acredite, essa pequena mudança verbal pode trazer mudanças maravilhosas para nossas vidas, pois como disse um grande sábio um dia:

"O verbo que sai de nossas bocas é a coisa mais poderosa que possuímos."

A Era do compartilhamento mútuo

Para iniciar este capítulo, você lerá nas páginas seguintes, uma mensagem canalizada recebida no dia 26 de dezembro de 2010, do Povo Azul, sobre A Lei do Compartilhamento.

Algo que está previsto e sendo preparado para ser instalado em breve na Terra e que se tornará a base sócio-comportamental dos próximos dois mil anos.

*** Mensagem recebida dia 26 de dezembro de 2010.**

Queridos! Compartilhar é a única saída plausível para a humanidade.

Vocês estão começando a compreender aos poucos o poder dessa grandiosa e eficiente lei divina.

O primeiro passo é o compartilhamento das informações e dos conhecimentos. Bem, sobre este quesito, vocês já estão bem avançados e já estão compreendendo o valor dos benefícios que estão sendo adquiridos.

O segundo passo será o compartilhamento das ideias e dos ideais.

Já sobre este quesito, ainda estão muito no início. No entanto, logo começarão a perceber que uma ideia compartilhada, uma nova empresa, um novo projeto, uma nova invenção, não precisarão ficar a cargo de uma única pessoa ou de uma única instituição. Pessoas comuns poderão optar por compartilhar essa ideia e gerenciá-la de uma forma que todos que desejarem vê-la realizada, investirão sua própria energia e seus recursos pessoais disponíveis, para que ela se realize.

Sendo assim, instituir-se-á um novo processo nas relações humanas, o processo da descentralização da posse e do direito sobre os inventos e descobertas.

As descobertas deverão ser compartilhadas e da mesma forma todos os recursos que elas gerarem. Esse modelo construirá uma nova forma de ver o mundo e gerar riquezas na sociedade do futuro.

Todos poderão participar de tudo, cada um em seu grau e com sua disponibilidade, mas extraordinariamente, todos serão beneficiados.

A ideia da empresa comunitária será o grande salto da humanidade futura. Após a conclusão desse novo modelo comunitário, surgirá em seguida a necessidade da implantação de um terceiro estágio.

O terceiro estágio será o compartilhamento das posses e das propriedades.

Essa informação certamente fará muitos tremerem por aí, não estranhem, pois emergirá imediatamente um sentimento de raiva generalizada ao redor de todo o mundo.

-Como assim, ideias socialistas arcaicas de novo. Comunismo?

Nada disso, não estamos falando de socialismo da maneira que estão acostumados a entender. Esse novo sistema estará baseado numa nova forma de governança social e política. Verão a implantação de um modelo governamental baseado nas estruturas compartilhadas da sociedade, a chamada ***Sinarquia Orgânica***, ou seja, um sistema vivo e auto-subsistente, que independerá da vontade de uma pessoa ou de um grupo para poder funcionar, um governo que será gerenciado por todos e para todos, sem a necessidade de reis ou donos do mundo para se manter. Um sistema isento de comandos superiores.

Desculpem, mas maiores detalhes sobre esse sistema ainda não podemos esclarecer neste momento, em breve novas informações serão autorizadas a serem repassadas através de outras obras literárias.

Esse novo sistema ainda não é totalmente claro para vocês, por isso o entendimento no momento pode ser um pouco complicado e talvez possa se tornar fonte de algum descrédito.

O que podemos adiantar, é que grandes mudanças estão previstas para acontecer, e essas mudanças estão próximas. Quando dizemos que algo está previsto, é porque está determinado a acontecer e em breve será implantado. Não será algo implantando por seres estranhos, vindos de outros planetas ou algo parecido, não será nada fantástico e fora da realidade, será sim, implantado por vocês mesmos, porém a maneira, o tempo e como farão isso, pode ser modificado durante o passar do tempo.

O quarto estágio para a implantação total da Lei do Compartilhamento, será o compartilhamento das riquezas, das produções, dos alimentos, da água e dos suprimentos, da energia e dos combustíveis.

O quinto passo e último é a implantação do Amor Incondicional ao redor de todo o mundo, como a base de uma nova sociedade. Não estamos querendo dizer que a Terra será um paraíso e que o mal será definitivamente instinto e que não verão mais nenhum tipo de violência ou que viverão num mundo de conto de fadas. Estamos dizendo que, com a implantação do sistema compartilhado, o medo, o mal, as culpas e todas as formas de violência humana, serão esmagadas e condicionadas a ficarem a mercê das poderosas forças do amor e da ética. Atualmente vocês estão se sentindo sufocados por esses sentimentos negativos e confusos como o medo e a violência. Isso está acontecendo porque o mal está mostrando ainda seu poder, e a dor como sua aliada, está trabalhando eficientemente sobre vocês. Atualmente o medo comanda 90% da humanidade, deixando somente 10% da população sob o comando das energias positivas do amor. Mas na Era de Ouro, no Novo Mundo, o amor retomará o poder sobre o mundo e manifestará a Glória de Deus na Terra. Essa transmutação será gradativa, crescente e exponencial. O destino de vocês é viver o amor e não o medo. Compreendem?

Queridos, o amor é extremamente mais poderoso que a dor e o medo e qualquer mazela que o mal possa causar a vocês.

Vocês ainda não acreditam na força do amor, vocês dizem que acreditam, mas ainda não acreditam, por isso ainda duvidam que o mundo possa mudar, porque ainda acreditam que só conseguem crescer e evoluir, errando e sofrendo. No entanto, nós dizemos que não, que vocês já podem crescer e evoluir como seres humanos acertando e amando. Não precisam mais errar para aprender, pode aprender através dos acertos. Errar não é humano, acertar sim é humano.

Queridos, amor significa ética. Para nós aqui no plano não físico, amor e ética têm o mesmo significado. Tudo o que é feito em detrimento do bem e da grande Lei, é compreendido aqui como amor e ética. É tudo a mesma coisa.

A Lei do Compartilhamento é a própria Lei do Amor, a lei que os acolherá e os alimentarão durante os próximos dois mil anos que estão por vir.

Não temam nada, nem ninguém, pois só o bem estará presente. O mal não sucumbirá, mas ele será submetido a pequinês que o vale. Compreendem?

Quando chegarem ao ponto de instituírem definitivamente o amor incondicional na sociedade, o planeta estará no seu processo final de regeneração e começará a passar para uma nova fase. A partir desse ponto o planeta se preparará para se transformar de planeta regenerado para um planeta de justiça divina.

Num futuro próximo, tudo será compartilhado, não haverá nada que não seja feito e desenvolvido com esse intuito. Nós vivemos em um ambiente de compartilhamento íntegro há muito tempo e podemos lhes dizer que todas as mazelas que existiam em nosso passado, se foram graças a essa maravilhosa lei.

O desamparo, os medos, a sensação de falta, a desmotivação, a preguiça, o desamor e a falta de compaixão para com nossos semelhantes, se foram e nunca mais voltaram. É incrível viver num mundo regido pelos fluídos aconchegantes da Lei do Compartilhamento mútuo.

Queridos, isso é o que vos espera no futuro. Acreditem, é realmente incrível viver assim.

-Como sabemos de tudo isso?

Sabemos disso, porque viemos do futuro para revelar a vocês o nosso próprio passado.

Não existe sofrimento num ambiente regido pelo compartilhamento. O sofrimento só existe nos planos da individualidade e do ego, aqui nos planos superiores, convivemos em plenitude, temos a nossa individualidade preservada, porém estamos mergulhados num fluído orgânico que nos abastece o tempo todo e não nos deixa sentir ou pensar, um segundo sequer, na falta e no desamparo. Os sentimentos de abundância e de proteção são extremamente confortantes por aqui.

Pode parecer uma utopia para vocês, mas afirmamos que é possível viver assim.

Isso nos traz confiança na justiça, na abundância e na prosperidade eterna. Cremos na cura, na saúde física e mental e na existência de Deus, pois tudo aqui se manifesta com perfeição através Dele. Sim, Ele realmente existe e em breve vocês o conhecerão de verdade. Vocês ainda não conhecem quem vos criou. Vocês só têm ainda uma leve ideia de quem Ele é.

Quando por exemplo, algum de nós adoece por aqui, todos sentem a sua dor, todos adoecem juntos com ele, pois estamos todos interligados uns com os outros. Compreendem a força que possui um sistema compartilhado?

Juntos, temos a capacidade de promover a cura de um ou de vários, porque no fundo temos a consciência que somos todos Um.

Quando alguém não está se sentindo bem ou está com seu estado vibracional baixo e prestes a desencadear alguma doença ou algum contratempo, paramos, e em conjunto ajudamos na sua cura, afinal a saúde do outro é importante não somente ao outro, mas para cada um de nós. Fazemos isso não como uma obrigação ou como forma de esperar reconhecimento ou algo parecido, fazemos isso simplesmente por amar o outro.

Amor incondicional é a mais perfeita forma de praticar a verdadeira ética e a verdadeira caridade. Assim é a lei maior aqui. A lei baseada no amor compartilhado.

Algo de difícil compreensão e utópico para vocês, não é?

Sim, nós compreendemos. Não tem problema.

Lembram-se quando o Mestre Jesus desceu aí na Terra e disse a vocês:

"Amai ao próximo como a ti mesmo."

Ele estava se referindo a grande Lei do Compartilhamento, a grande lei que já era para ter sido instituída por aí, mas não foi. Não foi instituída por vários motivos.

Mas o seu belo trabalho não foi em vão, durante mais de 2.000 anos essa frase foi difundida pelos quatro cantos desse mundo e poucos compreenderam o seu verdadeiro significado até hoje. Daqui em diante, muitos e muitos começarão não só a compreender, mas também a praticar o que um dia ele quis ensinar a vocês.

-Vocês sabiam que as suas belas e inquietas criancinhas já estão prontas para isso?

Quando começarem a sentir alegria com as vitórias alheias, sem inveja, sem descaso e sem autocorrupção de seus próprios pensamentos, estarão prontos para começar o processo do compartilhamento coletivo.

Logicamente devem estar perguntando:

-Mas quando ocorrerá isso? Quando a Lei do Compartilhamento será implantada em definitivo?

Os dois primeiros estágios que descrevemos anteriormente, devem se concretizar nos próximos 20 anos, contados a partir do ano de 2012. Em seguida, os outros estágios vão se manifestando aos poucos conforme o desenvolvimento e a evolução da consciência coletiva, as datas não são precisas e nem precisam ser. Mas o que está previsto, é que o quinto estágio, o estágio do amor incondicional, que será na fase final, se completará em glória no final do ciclo de Aquário, ou seja, no último período dos próximos 2160 anos, quando terminar essa Era de Aquário que está iniciando nesse momento aí na Terra.

Parece muito?

Sim, mas as grandes mudanças são mesmo demoradas. Isso não significa que não precisam começar a agir e a praticar o amor e o bem desde já. O despertar já aconteceu, agora é o momento de agir. Não deixem para depois. Agradecemos pela manifestação.

A Governança Matriarcal

*** Continuação da mensagem do Povo Azul:**

Sobre as formas de governo do futuro, afirmamos que elas estarão sob comando matriarcal e estarão alicerçadas por uma estrutura Sinárquica Orgânica.

Sinarquia significa sinergia, harmonia, equilíbrio e perfeição. O Universo, o Cosmos e todos os sistemas planetários são regidos através de um sistema sinárquico, sinergia é ordenação, harmonia e perfeição.

-Como vocês acham que são gerenciados os ciclos, os ritmos, as cadenciações e os movimentos astronômicos?

Tudo é feito através de uma sinergia cósmica. O que está em cima é sempre precipitado embaixo, assim manda a lei e assim ela se manifesta na matéria.

Os governos em sua maioria terão como seus comandantes, as mulheres. Isso não demorará a acontecer, em pouco mais de vinte anos a maioria dos países terão como seus governantes, as mulheres.

-Porque isso?

Por que as mulheres têm na sua escatologia e na sua fisiologia a responsabilidade da harmonização familiar e social.

Se estamos falando sobre compartilhamento mútuo e implantações de novas leis na Terra, então, temos que trazer à tona esse assunto, pois não será possível nenhuma mudança sem a participação direta das mulheres na sociedade e na política dos homens.

Como primeiro ato, a governança sinárquica matriarcal significará essencialmente a abnegação do poder institucional e a dissolução total das forças bélicas no mundo.

"A palavra progresso não fará qualquer sentido enquanto houver pessoas infelizes."

Para que isso ocorra, será preciso um despertar coletivo e a libertação total do medo na sociedade, pois somente a existência do medo pode explicar a existência continuada das guerras.

É fácil de concluir isso, o medo é fonte de motivação tanto para quem ataca como para quem se defende numa guerra. Compreendem?

Um conflito sempre está relacionado na sua origem, pelo medo. O medo é a única força capaz de criar uma guerra. O amor e a harmonia nunca poderão criar guerras.

A função principal das mulheres é quebrar esse e muitos outros paradigmas humanos. Elas não mais valorizarão as instituições e as corporações como fazem atualmente os homens. O homem antes de salvar o próprio homem, ele deseja salvar a política e o sistema que o rege, isso é plausível, já que o homem é ainda primitivo na sua essência. Ele prefere salvar a ferramenta que o protege ou que lhe sirva para caçar, do que salvar uma pessoa que possa no futuro lhe ajudar.

Por isso, o essencial papel das mulheres no Novo Mundo. As mulheres terão o papel de voltar as suas atenções para a valorização das pessoas e das células familiares como verdadeira base da sociedade, e não somente as indústrias, os bancos e as instituições políticas. Afinal elas são mães e conhecem o verdadeiro significado da palavra amor e compaixão.

Os homens infelizmente ainda não compreenderam o significado da palavra amor.

As mulheres provarão que o sucesso e a vitória, que os homens tanto desejam, não significam que precisam vencer perante os outros, mas sim que precisam vencer a si próprios.

Num ambiente regido pelas mulheres, para se ter sucesso na vida, não será mais preciso competir, pois a competitividade será algo tão primitivo e inaceitável quanto às próprias guerras e a competitividade desenfreada que existe entre os seres humanos.

Isso já está se tornando possível.

-Para quê competir, acumular e guerrear se estarão vivendo num mundo compartilhado e abundante? Não é mesmo?

Por mais que tentem fugir ou se esquivar da grande Lei do Compartilhamento, vocês não conseguirão, uma vez que o compartilhamento mútuo faz parte da escatologia humana, ou seja, faz parte do destino humano.

Muitos resistirão bravamente contra ela e farão discursos fervorosos ao redor do mundo para evitar o seu surgimento, porém serão todos esforços em vão, pois já está previsto e determinado nos anais do tempo, que a Lei do Compartilhamento será a base estrutural do terceiro e do quarto milênio.

Agradecemos a oportunidade para este sucinto esclarecimento e em breve passaremos maiores detalhes e novas informações sobre esse extraordinário tema através de outros livros.

O Povo Azul

****

Para nós autores, essa mensagem ficou muito clara. Percebemos que realmente o mais valioso dos capitais é aquele que se investe nos seres humanos e não nas instituições. Essa será à base dos novos tempos que estão por vir, a valorização integral do ser humano e dos seus dons.

As empresas, os produtos, os serviços e tudo o que fizermos em nossos trabalhos, serão feitos com foco integral nas pessoas e nos seus anseios, e não mais para as instituições como está sendo feito atualmente.

Em 2008 foram gastos mais de 1 trilhão de dólares para salvar bancos falidos, enquanto milhões de pessoas estavam à beira da morte no Sul da África e em vários lugares ao redor do mundo. Então, o que será mais importante, as instituições ou as pessoas? Fica realmente claro entender que o foco da sociedade atual não são realmente as pessoas.

Hoje tudo gira em torno do dito ***"mercado"***, como se ele fosse uma pessoa ou alguém que devemos sustentar a qualquer custo, com nossas emoções e até com nossas próprias vidas. Estamos vivendo a ***"ditadura do mercado"***, sempre o mercado, o deus Mercado. Tudo deve funcionar em função dele. O ser humano está cada dia mais desprezível, parece que numa escala decrescente, ele já se coloca em terceiro ou quarto plano. A Natureza então, nem se fala, vem depois dos seres humanos. O mercado é o principal, o primeiro plano, ou seja, os bancos, as bolsas de valores e as instituições.

Mas o foco principal do novo milênio deve se voltar para as pessoas, ficando todo o resto em segundo plano. Sairemos dessa posição de passividade em que nos encontramos atualmente, aceitando tudo o que é imposto e voltaremos nossas atenções para o que é mais importante, ou seja, nós os seres humanos.

-Será egoísmo?

Com certeza não, pois o amor próprio é o primeiro passo que devemos dar para começar a praticar o verdadeiro amor Universal.

Vamos parar de ser hipócritas!

Todos os processos de proteção ambiental, ecológica, respeito e cuidado com o meio ambiente, só poderão ser alicerçados através dos grossos e poderosos pilares do bem-estar humano.

Quando compreendermos que o ser humano é a coisa mais importante no mundo, começaremos a compreender que os animais, as plantas, os rios, os oceanos e tudo que nos cerca também são, pois eles fazem parte de uma mesma coisa que todos nós também fazemos parte, ou seja, a Natureza.

Nós somos a própria Natureza, não estamos separados dela, ela não é algo que está separado de nós. Ela é nós e nós somos ela.

Nossas pequenas criancinhas já estão sendo preparadas e já sabem que, se não cuidarem do meio ambiente ou se criarem guerras inconsequentes e sem propósito algum, estarão praticando algo totalmente primitivo e arcaico.

Deixemos um salve para as nossas crianças, pois o futuro está reservado a elas.

O Despertar

"O novo mundo não está reservado aos dispersos, muito menos para os que se acham espertos. O novo mundo está reservado para os que estão Despertos."

Realizar o seu grande sonho, aquele que vibra dentro da sua alma, desde a sua infância, é o que deve ser feito, sem dúvida alguma, custe o que custar amigo (a). Afinal, do que vale uma vida se não der um real sentido para ela, não é?

-Quer ajudar o mundo?

Então, descubra o propósito maior da sua vida, essa é a melhor maneira de colaborar com o mundo. Se o homem buscasse conhecer a si mesmo primeiramente, metade dos problemas do mundo estaria resolvido.

Mas você mesmo (a) terá de fazer isso, infelizmente ninguém poderá acordar e se levantar por você, só você poderá despertar do seu sono e acordar para uma nova vida.

Esse livro vai lhe ajudar e lhe orientar, mas o despertar deverá ser individual.

Os Alquimistas do Futuro

"Não existe um início nem um fim, muito menos partida ou chegada. Somente o caminho é que existe. O caminho do guerreiro pacífico."

A transmutação de qualquer metal em ouro ou a manipulação do elixir da longa vida são na realidade coisas insignificantes diante da compreensão do que somos.

A alquimia é a busca do entendimento da natureza, da alma, do espírito e do Cosmos, a incansável busca da sabedoria divina. No fundo o buscador sabe que, quando chegar ao entendimento maior, descobrirá que não sabe realmente nada. Sócrates no ápice da sua sabedoria filosófica disse:

"Só sei que nada sei."

Sócrates 450 a.C

Sim, Sócrates era um sábio. O estudante da alquimia é um andarilho fadado a percorrer as estradas da vida, como se fosse um eterno buscador. O alquimista é um iluminado, um sábio que compreende a simplicidade da vida e se satisfaz com ela. É capaz de vivenciar e realizar coisas que a ciência e as tecnologias atuais jamais conseguirão comprovar, pois a alquimia está pautada na energia espiritual e não somente no materialismo leviano. O alquimista pode levar anos para descobrir que nada sabe sobre as leis e os ditames universais, mas sabe viver a simplicidade de cada momento e de cada aprendizado.

Sim, pode demorar muito tempo, vida após vida, para descobrir que o desconhecido é infinitamente maior que o conhecido, ou que a matéria escura do Cosmos é o fluído que tudo mantém e que vivemos dentro desse fluído divino, o sangue etéreo que corre pelas entranhas de Deus.

O alquimista sabe, que o que mantêm tudo em constante estado de levitação, que o que mantém os planetas, as estrelas e até os maiores e mais pesados astros do Universo, é à força do corpo de Deus em ação. O alquimista sabe que tudo foi criado através da vontade maior Dele, através do sonho de Deus, e que cada um de nós faz parte desse sonho. O alquimista sabe que o sonho da vida, o sonho que um dia Deus sonhou e realizou, não poderá nunca acabar. Ele sabe que o propósito da vida é simplesmente manter a vida, ou seja, manter o sonho de Deus, sob eterna realização.

"O Alquimista tem paciência, não domina e nem detém o tempo, porém sabe o momento certo de agir e persistir no caminho."

** A palavra alquimia, do árabe, al-khimia, tem o mesmo significado de química, só que, esta química, antigamente designada por espargiria, não é a que atualmente conhecemos, mas sim, uma química transcendental e espiritualista. Sabe-se, que al, em árabe, designa Ser supremo o Todo-Poderoso, como Al-lah. O termo alquimia, designa, desde os tempos mais recuados, a ciência de Deus, ou seja a química de Al.*

Não precisamos mais dominar aquelas antigas formas de magia que os velhos sábios alquimistas medievais utilizavam para transformar o chumbo em ouro.

O alquimista do futuro será aquele capaz de muito mais que isso, será aquele capaz de transformar ***sonhos*** em ***realidade***. A verdadeira revolução do terceiro milênio virá através da revolução da consciência, essa será a grande alquimia do ser humano, a grande revolução virá através do esclarecimento e do despertar dos novos dons e dos novos potenciais do homem. O homem do futuro terá o poder de precipitar milagres na Terra.

Seja bem vindo (a) ao novo mundo. Você também pode se tornar um (a) alquimista do futuro.

Não espere tudo ficar bom para você se levantar e fazer o que tem que ser feito comece a fazer agora, se prepare agora, para quando você estiver de pé, puder observar e admirar o nascer do lindo Sol, que sempre irá aparecer no horizonte.

Estar conectado ao mundo não significa exatamente estar conectado com as redes sociais e saber de tudo o que acontece sobre as tecnologias de ponta, que estão disponíveis na atualidade.

Estar conectado com o mundo é estar ligado com as pessoas, com seus anseios e suas preocupações, com seus desejos e seus sonhos.

Estar conectado ao Novo Mundo é saber de uma vez por todas, que somos no fundo apenas um só e descobrir que humanamente é impossível uma pessoa ser feliz sem que a outra também seja.

"Não podemos nunca perder a fé na humanidade, pois ela é como um oceano. Só porque algumas gotas de água são sujas, não significa que ele é sujo por inteiro."

Deve estar se perguntando:

-Como sei se sou um potencial alquimista do futuro?

Todos podem se tornar um alquimista do futuro, não existe um quesito específico, nem uma ordem secreta para tal. No entanto seguem algumas perguntas que poderão lhe ajudar a descobrir se você tem potencial para ser um (a) alquimista ou não. Se pelo menos cinco das questões a seguir, você responder com um sim, então provavelmente você já é ou pode se tornar um (a) alquimista do futuro. Seja sincero (a) em suas respostas, afinal não precisa mostrá-las para ninguém e nem mentir para si mesmo (a), não é?

-Tem consciência das suas vidas passadas e das vidas que teve entre vidas, ou seja, a vida que foi anterior a essa?

-Sente que se programou antes de vir para esta vida para fazer algo em prol da humanidade? Ou pensa na maioria do tempo, somente em si próprio (a)?

-Tem medo da morte, ou seja, tem medo de desaparecer definitivamente da Terra? Ou tem certeza da existência da vida eterna, da imortalidade da consciência e do espírito?

-Tem a convicção real que esta vida é somente uma breve passagem pelo plano físico?

-Sente necessidade de obter autoconhecimento apesar de saber dos percalços e contratempos que isso pode trazer para sua vida?

-Sente que possui algum dom parapsíquico ou paranormal? Se sim, você tem medo deles?

-Sente vontade de compartilhar e ajudar na evolução das pessoas que não conhece?

-Sente a necessidade urgente de encontrar seu propósito maior para esta vida? Ou isso é algo que não lhe interessa?

-Admira as artes em geral, emociona-se com elas, ou sente-se inerte perante elas?

Caso não se enquadre nesses quesitos, não desanime você não é um (a) excluído (a), até porque se está com esse livro em suas mãos, isso certamente não é por acaso.

Se está lendo este livro agora, significa que está a procura de respostas e está tentando encontrar a sua própria verdade.

Geralmente essa verdade que tanto procuramos está bem do nosso lado. Não precisa sair procurando como um (a) louco (a) por aí, porque certamente a grande verdade que procura, não está lá fora, num lugar longínquo e misterioso e quase inatingível, ela está aí mesmo dentro de você, nas partes mais profundas da sua alma.

"Estive em muitos lugares ao redor do mundo a procura de algo que acabei encontrando dentro de mim mesmo."

Sacerdote Egípcio Mustah

Todos podem se tornar seres transmutadores e revolucionários da Nova Era, alquimistas de si próprios, aqueles que serão capazes de mudar a si mesmos e através de seu exemplo, colaborar e ajudar o mundo. Esse é o verdadeiro alquimista do futuro.

A partir de agora, veremos algumas leis universais que deverão ativar e despertar a sua consciência para isso. São elas:

- A Lei da Vontade.

-A Lei da Aceitação.

- A lei da Gratidão.

- A Lei da Vitória.

- A Lei da Eternidade

Se você estiver pronto (a) para aprender essas leis universais, então estará pronto (a) para começar a grande alquimia da alma. Não são exatamente regras instituídas, são apenas palavras propostas, mas de uma forma ou de outra, farão parte da sua vida e da vida de muitas outras pessoas a partir de hoje, e com mais eficiência e força, a partir de março de 2013, ou seja, o momento definitivo da entrada da Era de Aquário.

Antecipe-se e faça parte do Novo Mundo.

A Lei da Vontade

A vontade é o início de tudo. Nada se cria e nada se constrói, sem que aja antes uma centelha de vontade.

Uma simples leitura ou uma simples conversa com pessoas pró-ativas, um encontro repentino com alguém que sequer conhece, podem se tornar gatilhos para a reativação da sua grande vontade.

A grande vontade da alma são as mensagens secretas que ainda estão ocultas em sua mente. A grande vontade pode mudar radicalmente sua vida.

"A lei da vontade é a lei do verbo."

A Vontade é a fonte e a origem de tudo.

-Mas de onde vem essa vontade? Qual a origem dela? Será que ela vem somente da mente?

Não, a mente não cria a vontade, a mente apenas prepara, organiza e realiza o que tem de ser realizado.

A vontade vem do espírito, do plano espiritual, da dimensão das ideias, do hiper espaço iluminado, onde o vazio não existe, onde a escuridão se faz ausente e a luz da eternidade se faz presente, um mundo real de onde o seu espírito veio e para onde ele vai no futuro.

-Estranharia se lhe disséssemos que o seu corpo físico é somente um experimento avatárico em ação e que seu verdadeiro comando está no mundo espiritual e não na sua mente?

"Possuímos em nós mesmos, pelo pensamento e pela vontade, um poder de ação que se estende muito além dos limites de nossa esfera corpórea."

Allan Kardec

Todas as pessoas possuem algo que movimenta suas vidas, pode ser uma verdade interna ou uma mentira. Ambos são segredos pessoais e fazem parte da mesma essência.

Cada um sabe o que existe e vibra com força, dentro de si. Uma dentre essas duas coisas é o que movimenta a sua vida, seja uma verdade ou uma mentira.

-Será o seu alimento a luz da verdade ou o fardo da mentira?

A mentira é o seu carma, já a verdade é o seu dharma. Pense nisso!

-Qual é então a sua força interior? Qual é a força que lhe movimenta? O que carrega nas suas costas irmão (a)?

"A pior mentira não é aquela que é dita. Mas sim aquela que não é dita."

****

Propósito pessoal ou propósito de vida é aquilo que decretamos e prometemos a nós mesmos, para vir fazer nesta vida.

O Propósito de vida pode ser chamado também de missão, mas não a missão como se fosse um fardo ou uma cruz que deve ser carregada, muito pelo contrário, a missão como uma dádiva, um presente, algo que se propôs a vir e cumprir. E para que isso fosse possível decidiu trazer consigo dons, faculdades especiais, talentos pessoais e potencialidades únicas.

Por exemplo, um menino nasce com um dom fabuloso para ser pintor, mas sua família não o estimula a fazer isso e ele acaba indo estudar advocacia, e infelizmente acaba vivendo uma vida repleta de medos e de transtornos psicológicos. Esse menino, já adulto, acaba acreditando que os outros são melhores e mais capazes que ele e desenvolve uma baixa estima além do normal, se tornando realmente incapaz de realizar e alcançar seus sonhos verdadeiros.

Neste caso, esse menino está fadado a viver uma vida de mentiras, pois ele sente que a sua verdade não é aquela, porém não compreende o que está acontecendo consigo mesmo, pois está inconsciente, apenas sente um vazio interior e não sabe o motivo e a causa desse vazio continuar existindo. Isso acontece porque essa informação está oculta no seu consciente, porque ele veio para ser um grande pintor e fazer através da sua arte a diferença no mundo. Compreende? Essa pessoa então se torna desconectada do seu propósito maior, do seu eixo de sinergia com o Universo, da sua missão de vida.

No entanto sempre é tempo de despertar, recomeçar e tentar novamente, nunca é tarde para se realizar um sonho. Há pessoas com mais de 70 anos que decidem realizar o que nunca conseguiram realizar, como cursar uma faculdade, tornar-se dançarino (a), nadador ou até mesmo empresário (a), depois de uma idade avançada. Não há motivos para não despertar desse sono. Se um propósito de vida foi decretado, ele nunca desaparece, pode ficar escondido e engavetado por muitos e muitos anos, mas ele sempre vem à tona e faz você se lembrar daquilo que pode lhe trazer real e forte prazer para esta vida.

No fundo, todos sabem quais são esses segredos pessoais, o problema é que a maioria das pessoas, por estarem envolvidas por grossas camadas de medo e por forte crença na incapacidade de realizá-los sequer dão chance para que eles comecem a se tornar real.

"Nenhum homem pode ter sucesso, fazendo algo que ele não gosta de fazer."

Se estiver vivendo como aquele menino que queria ser pintor, mas teve que deixar tudo de lado para estudar advocacia por ordens de seus pais, ou se estiver sentindo um vazio em sua vida e não consegue encontrar um sentido real para ela, então pare, analise, medite e tente descobrir o que você realmente deseja.

Medite e busque lá no fundo o que seu espírito quer lhe dizer, pois meditação significa "Me - dizer". Somente você sabe o que vibra dentro do seu coração. Precisa detectar e encontrar o seu ponto de sinergia com o Universo. O momento é esse.

Se estiver vivendo uma mentira na sua vida, dê um basta, nao há motivos para sustentar mais essa mentira, pois a mentira retrai a vida de uma pessoa, a mentira retrai o amor e atrai o medo, causa ansiedade e facilita o desamparo. Tudo isso pode causar dores e doenças.

Então, este é o momento, opte por seguir a sua verdade, aquela que lhe dá prazer. Por mais difícil que pareça ser, vá ao encontro dela, acredite, quando decretar de uma vez por todas, que deseja seguir a sua verdade, que deseja seguir o seu segredo oculto, você reativará e despertará a sua consciência. Sua consciência se iluminará e o Universo inteiro começará a ouvir as vozes da sua alma e a Lei da Atração entrará em ação com toda a sua força e magnitude, para lhe ajudar a realizar os seus sonhos.

Sim, quando reativar o seu propósito de vida, automaticamente as pessoas que se programaram para se reencontrar com você nesta vida e concluir uma missão juntos, começarão a surgir e a cruzar o seu caminho, como se fosse mágica. A magia dos encontros.

Novos amigos, novos relacionamentos e novas oportunidades começarão a surgir através desses reencontros e inacreditavelmente lhe mostrarão que há muito mais vida além daquela vida de mentiras que antes acreditava ser a única vida possível de ser vivida.

A lei é ser feliz e ir de encontro com o que você determinou. O seu destino é o seu sonho. Lembre-se dele e sempre que puder, diga em voz alta, o que deseja. Pois quando você diz o Universo lhe escuta.

Do verbo se faz carne. A Lei do Propósito é a lei do verbo.

A Lei da Aceitação

"Não perca mais nenhum segundo se arrependendo do que fez errado no passado. Porque pensar emocionalmente nos erros do passado é como se estivesse errando novamente."

Perdoe-se, o primeiro passo é se perdoar e não mais sofrer com coisas que um dia tenha feito de errado. Errar faz parte do processo do aprendizado humano, mas você não precisa mais dessa lição, pois já despertou. Errar já não está de acordo com os ditames das novas condutas.

"Acertar é humano"

Aprender através dos erros é algo que já está em extinção, já temos conhecimento e esclarecimento suficiente para saber que o sofrimento é algo ruim e que isso, não precisa mais fazer parte de nossas vidas. Vamos dar um basta nesse condicionamento antigo e ultrapassado. É tempo de aprender através dos acertos e do amor, e não mais através dos erros, do sofrimento e da dor.

Não permita que mais nenhum tipo de mágoa e angústia do passado faça a sua mente voltar a sofrer desnecessariamente. O passado deve ser fonte de felicidade e gratidão e não de dor e sofrimento.

Há de haver um esforço da sua parte para eliminar os erros, as frustrações e as decepções do passado.

Se não tem nada que lhe aflija no passado, então ótimo, seja grato (a) por isso, mas se tiver algo que esteja lhe afligindo, então elimine, esqueça, não dê mais força para os sentimentos de culpa, de arrependimento e de não aceitação.

Se não conseguir fazer isso sozinho (a), procure ajuda das pessoas e dos profissionais que estão aí para cooperar, não hesite em pedir ajuda. As pessoas estão aí para ajudar. Às vezes não conseguimos nos ajudar sozinhos.

Se quisermos adentrar e vivenciar um mundo compartilhado, temos que partir da premissa que não somos os donos da verdade absoluta e que temos de ser humildes o suficiente para pedir ajuda ao outro.

O importante é sentir-se grato (a), mas só se consegue praticar a verdadeira gratidão através da aceitação. Por isso a aceitação é algo que você deve desenvolver a partir de agora, para que tenha a humildade suficiente para praticar a gratidão em seu dia a dia.

Gratidão não pode ser algo manipulado pela mente, gratidão precisa ser sentida verdadeiramente.

"A vida nos ensina a cada instante. Basta estarmos atentos para saber o que ela está querendo nos dizer."

"Todos os dias o Universo nos mostra que é possível deixarmos de ser infelizes. O instante mágico é quando um sim, um não, ou uma simples palavra, consegue mudar toda a nossa existência."

O Mundo é dos melhores?

É incrível como atualmente estamos obcecados com ***o melhor.*** Não sei quando essa paixão desenfreada começou, mas é notável como atualmente, só queremos saber do ***melhor.***

Tem que ser o melhor computador, o melhor carro, o melhor emprego, a melhor dieta, o melhor corpo, a melhor operadora de celular, o melhor tênis, o melhor vinho.

-O bom, que deveria ser bom, já não é mais suficiente. O melhor é sempre a grande meta. Mas por quê?

O ideal é ter o ***Top de Linha***, aquele que deixa os outros para trás, que nos distingue e nos faz sentir importantes, porque, afinal, estamos com o que é ***melhor*** em nossas mãos, não é?

Isso até que outra coisa ***"melhor"*** apareça e nos frustre trazendo novamente aquela vontade incontrolável de querer se desfazer do que já se tornou obsoleto.

Novas marcas surgem a todo instante, e novas possibilidades também.

E o que era melhor, de repente, parece superado, modesto, aquém do que podemos ter.

O problema é que, quando só desejamos o melhor, passamos a viver inquietos, numa espécie de insatisfação permanente, uma eterna frustração, não desfrutando realmente do que já temos e conquistamos, porque estamos sempre de olho no que nos falta conquistar e ainda ter.

Cada comercial de TV nos convence que merecemos ter mais do que temos. Cada artigo que lemos nos faz imaginar que os outros estão vivendo bem melhor do que nós, que os outros estão comprando melhor, amando melhor, se divertindo melhor e logicamente ganhando melhor do que nós, tendo um melhor emprego do que o nosso, vencendo todos os obstáculos, tendo os melhores salários e claro, sendo sempre mais bonitos (as). Afinal os outros estão à procura do melhor e eu não estou, não é?

-Afinal, o que está acontecendo comigo?

É realmente incômodo viver num mundo competitivo como este.

Não conseguimos mais relaxar.

Mesmo aquelas pessoas que supostamente parecem estar se mostrando melhores que você, no fundo estão se enganando e enganando a si próprias, pois todos estão no mesmo barco e estão vivendo o mesmo dilema. Pode acreditar, eles tem o mesmo ponto de vista que você e acreditam que você é, e está melhor do que eles.

Não relaxamos nunca, porque temos de correr atrás do ***melhor*** todos os dias, e de preferência com o melhor tênis.

Não que a gente deva se acomodar ou se contentar sempre com menos. Mas o menos, às vezes, é mais do que suficiente.

Se não posso dirigir acima de 120 km por hora, preciso realmente comprar um carro com tanta potência que chega a 300 km por hora? Para quê essa ostentação toda e esse exagero?

Se eu gosto do que faço no meu trabalho, tenho que subir na empresa e assumir o cargo de chefia que vai me matar de estresse porque é o melhor cargo da empresa?

E aquela TV gigantesca de tantas polegadas que acabou com o espaço do meu quarto?

E o restaurante que gasto horrores e me faz sentir saudades da comida de casa, mas vou porque tem o ***"melhor chefe de cozinha"***?

E aquele xampu que usei durante anos? Ele tem de ser aposentado porque agora existe um melhor e dez vezes mais caro?

Será que o cabeleireiro do meu bairro tem mesmo de ser trocado pelo ***"melhor cabeleireiro"*** da cidade?

Ultimamente pensamos muito no quanto essa busca permanente do melhor tem nos deixados ansiosos e tem nos impedido de desfrutar o que realmente é ***"bom"*** na vida.

A casa que é pequena, mas nos acolhe. O emprego que não paga tão bem, mas nos enche de alegria.

As férias que não serão na Europa, porque o dinheiro não está dando e terá de ser no interior do estado da Bahia, mas me dará a chance de estar perto de quem amo.

O rosto que já não é jovem, mas carrega as marcas da minha história e da minha gratidão.

O corpo que já não é mais esbelto, mas ainda sente prazer.

-Será que a gente precisa mesmo de tanto?

Não estamos querendo dizer que o melhor não possa ser o caminho, mas o mundo está mudando e a nossa relação com os bens de consumo também.

A ânsia pelo consumo inconsequente e sem consciência está tornando o mundo um lugar insustentável tanto material, como econômica e financeiramente.

O que está acontecendo com a economia ao redor do mundo é um macro sintoma do que está ocorrendo dentro de nossas próprias casas, nas nossas famílias, nas nossas pequenas empresas e dentro de nós mesmos.

O mundo está mostrando que ele tem limites e que nós, como seres humanos, também temos. Devemos despertar para um consumo consciente imediatamente.

O grande problema é que poucos querem instituir o consumo consciente. Por um motivo muito simples.

O consumo consciente não gera lucros. Pior do que isso, ele dissolve nas pessoas a ânsia desenfreada e a esperança de poderem adquirir e possuir coisas que no fundo não tem significado algum para suas vidas, o supérfluo.

Desde o início da década de 90 e mais ainda a partir do ano 2000, muitas empresas e instituições descobriram um novo e fabuloso filão para se promoverem e então decidiram elaborar um novo plano de ação de marketing, voltado para discursos sobre desenvolvimento sustentável, ecologia, proteção do meio ambiente, mercado verde, etc. Chegaram a aprovar algumas leis ***"ecologicamente corretas"***, porém totalmente paliativas do ponto de vista ético, pois elas nos fazem acreditar que eles estão fazendo a coisa certa e nós meros mortais, somos os culpados de tudo isso que está acontecendo no globo terrestre. Essa técnica faz com que eles (empresas) logicamente se tornem os mocinhos da história e nós os vilões.

Infelizmente há muita hipocrisia pairando no ar, não devemos aceitar tais argumentos que entram em nossas casas gratuitamente através da televisão, internet, jornais e revistas ou que estejam impressos nos rótulos de muitos produtos.

Não adianta. Eles continuam querendo que a grande massa populacional continue consumindo desenfreadamente dia após dia, mais e mais, não importa o quê e nem como, o que importa mesmo é manter a máquina funcionando e os faturamentos trimestrais avançando para que os índices das bolsas continuem crescendo.

Sim, tudo isso é importante para a economia mundial e para as pessoas, mas são somente números, estão todos preocupados somente com os números. Eles já se esqueceram que as empresas, as instituições, as máquinas e tudo o que existe, foi criado e desenvolvido para o bem estar das pessoas, ou seja, para manter as pessoas e não para manter as empresas. Essa é uma percepção muito sutil.

A pessoa, o indivíduo não é mais o foco principal, mesmo parecendo ser, o foco agora são as próprias instituições e as próprias empresas. As empresas estão preocupadas no fundo com elas mesmas e não com as pessoas que trabalham nelas ou com as pessoas que elas atendem, os seus clientes. Mesmo dizendo que sim, que o cliente é a coisa mais importante para a empresa, eles estão mentindo e se enganando, pois a preocupação não são realmente as pessoas, tão pouco são os próprios funcionários.

Vejam, se uma pessoa não é mais tão jovem ou está passando por momentos difíceis na vida, então ela não serve mais para a empresa, aos poucos ela é afastada e como se fosse uma peça obsoleta, em pouco tempo já não fará mais parte daquela organização.

-Porque estamos dizendo isso?

Para entender que tudo isso é reflexo do que está acontecendo com cada um de nós. Estamos vivendo um individualismo nunca visto antes, as pessoas só pensam nelas mesmas e passam por cima de tudo e de todos para conseguirem o que desejam, não estão preocupadas com o outro, o que importa é a individualidade e o suposto prazer momentâneo que elas possam conseguir comprando os melhores bens e os melhores serviços do mercado.

Mesmo muitas pessoas dizendo serem altruístas e caridosas e que fazem trabalhos voluntários, na maioria das vezes, e não vamos generalizar, elas fazem tudo isso para elas mesmas e não pelos outros. É algo muito sutil, mas é facilmente perceptível a individualidade e o egoísmo vibrando ao redor delas.

Estamos chegando num momento crucial no mundo, as verdades estão vindo à tona e as máscaras estão começando a cair.

Se estivermos dizendo uma inverdade, pare e olhe ao seu redor, olhe para as empresas que você adquire produtos e serviços, veja como elas estão agindo, veja como o dono da empresa dos produtos que você compra, age com seus funcionários, veja como essa empresa encara o ser humano.

Olhe para as pessoas com quem convive atualmente e depois pare e tente olhar para você mesmo (a). Tente reconhecer como você está tratando o seu semelhante e as pessoas que o (a) cercam.

O ideal neste momento de quebra de paradigmas é que cada um se interiorize e descubra qual a forma ***mais adequada de agir*** e não a melhor forma de conviver com o mundo e com as pessoas, já que é utópico demais querer acreditar num mundo fabuloso, fantástico, sem destruição, auto-sustentável e ecologicamente correto, num momento de grandes mudanças que estamos vivendo atualmente.

Vivemos dentro de um sistema urbano totalmente interligado com a grande máquina capitalista. Temos de ter consciência que estamos dentro de um processo e que este processo de transição e mudança, está ainda no início. Resta a nós deixar um legado e uma experiência de vida para nossos filhos e netos, para que eles tenham o discernimento suficiente para saber que no futuro próximo, eles também terão de fazer a parte deles.

Vamos parar de achar que temos de salvar o mundo, como se fôssemos os últimos heróis que passarão pelo planeta. Vamos fazer o que está ao nosso alcance e seguir adiante, até porque não temos nada melhor para fazer a não ser seguir em frente, não é?

Pare por um instante o que está fazendo e veja como pode agradecer pelo que tem e pelo que já conquistou em sua vida, agradeça as pessoas que lhe ajudaram um dia, pode ter certeza, você não conseguiria nada sem a ajuda delas.

Lembre-se delas sempre que puder e seja grato (a).

-Que tal começar pelos seus pais que lhe trouxeram ao mundo?

Paremos de reclamar pelo que não temos e comecemos a ser gratos pelo que já temos.

Ir à busca da gratidão da alma é sem dúvida ***a melhor*** escolha que podemos fazer em nossas vidas.

Este é o princípio da verdadeira felicidade.

A Lei da Gratidão

"A Lei da Gratidão é a própria Lei da Felicidade."

A verdadeira magia da vida consiste em promover a paz por onde quer que passe e ser grato (a) por todos aqueles que lhe ajudarem em seu caminho.

Queremos falar sobre a felicidade, pois esse é um paradigma gigantesco ainda para todos nós.

Enganam-se aqueles que acreditam que a verdadeira felicidade está no futuro.

"Quer ser uma pessoa feliz amanhã. Então comece hoje mesmo a praticar a gratidão."

A felicidade não está no futuro. Também se enganam aqueles que acreditam que ela está no presente, pois ela também não está. A verdadeira felicidade encontra-se no passado e está diretamente ligada ao sentimento de gratidão.

Gratidão é o sentimento mais nobre que existe, gratidão é fonte de amor e de compaixão.

Veja como é possível ser feliz e agradecer por tudo aquilo que já conquistou e lhe foi dado de presente, como seus dons, seus talentos, sua saúde e as oportunidades que lhe deram um dia.

Veja como consegue se sentir grato (a) por todos aqueles que um dia lhe ajudaram a crescer e acreditaram em seu potencial.

-Você acha que isso não pode ser uma enorme fonte de gratidão?

Sim, essa é a fonte que jorra a eterna felicidade.

O passado é a verdadeira fonte da felicidade.

De nada adianta ficarmos ansiosos e esperançosos, achando que somente no futuro seremos felizes.

Sim, no futuro poderemos nos sentir felizes, é claro, mas não encontraremos a felicidade lá, pois o futuro é algo que sequer existe.

-Como podemos colocar todas as nossas expectativas em algo que sequer existe?

Procurar a felicidade no futuro é uma ilusão. É ilusão achar que só quando nos tornarmos pessoas ricas, aí sim seremos realmente felizes, ou somente quando encontrarmos a pessoa amada poderemos dizer aos outros que somos realmente felizes, ou então quando comprarmos a casa de nossos sonhos ou o carro que tanto desejamos ou ter o negócio próprio.

Esqueçamos a ideia de procurar a felicidade no futuro.

Disseram-nos que isso é uma verdade, mas infelizmente não é. Essa forma de pensar é uma armadilha que só alimenta ainda mais a ansiedade em nossas mentes e adoecem os nossos corações.

A esperança é uma eterna forma de esperar, nada tem a ver com a prática da verdadeira fé e confiança. Ter fé é ter certeza que tudo vai se realizar na hora certa, ter fé é acreditar naquilo que não se pode ver.

Já a esperança é o ato de esperar, sempre esperar, uma ação passiva perante o Universo, que nunca poderá nos levar a lugar algum, a não ser para um mundo de eterna espera, um mundo de eternos amanhãs que nunca chegam, pois quando o amanhã que tanto esperamos chegar, vem outro amanhã e toma o seu lugar, em seguida outro amanhã e depois outro e mais outro, criando um ciclo infinito de ansiedade e eterna esperança. Esperança é a crença nos amanhãs, nos eternos amanhãs que nunca chegam.

A real felicidade deve colocar as nossas mentes em conexão com a força da gratidão, no entanto, vejam como a crença nos ***amanhãs***, carrega as nossas mentes para um lugar onde elas não devem estar. Ou seja, num futuro que ainda sequer existe.

A ***esperança*** gera a crença numa felicidade que está distante e que nunca chega, gera a crença numa riqueza imaginária que nunca vem numa pessoa amada que nunca aparece e em conquistas que nunca se realizam.

O futuro deve ser fonte de confiança e não de esperança. É algo muito sutil. Compreende?

Sem a confiança e a prática da fé, o futuro pode se transformar em um monstro poderoso capaz de lhe devorar facilmente se não souber lidar com ele.

Isso é compreensível, pois há milhares de anos vivemos dessa forma, condicionados, ***esperançosos*** e infelizmente. Não é algo que vamos conseguir mudar de uma hora para outra, mas temos de começar.

Trocamos à confiança que há tanto tempo foi ensinada por nossos grandes patriarcas, como Abraão, pelos sentimentos de esperança. Isso tudo, fruto de uma apologia desenfreada pelo medo do futuro e pela crença na falta e na descrença na abundância do Universo.

Vejam a imagem a seguir.

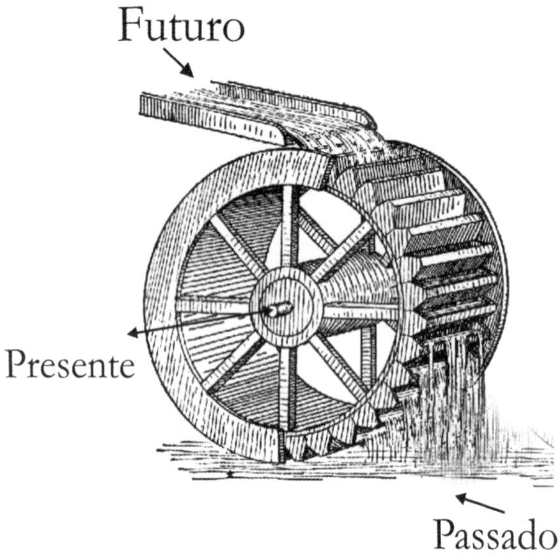

Assim funciona a roda da vida, como se fosse uma roda d água, o que a faz movimentar é a água que vem de cima e cai com força para baixo. Esta água é a água do futuro, ela traz consigo o entusiasmo, a vontade e a certeza que ela continuará caindo e nunca parará de jorrar.

Já, a própria roda de madeira é a matéria, a peça, a ferramenta mecanicamente criada para receber a água que vem de cima e transformá-la em ação e energia. A roda de madeira simboliza o próprio corpo, a mente humana que não para de girar o tempo todo, se movimenta constantemente e cria a energia e as condições necessárias para o dia a dia.

A roda representa o próprio presente, a máquina que recebe do alto, tudo o que necessita para continuar em movimento, como o corpo que necessita do entusiasmo, da vontade e do sonho que vem do futuro para poder se manter vivo.

Sim, o ser humano precisa crer no futuro para ter o entusiasmo para agir, do contrário a roda não poderia funcionar.

Deve estar se perguntando:

-Já que tudo vem de cima, então a felicidade logicamente também vem de cima, do futuro, não é?

Não, a felicidade não vem de cima, do futuro, pois a força que vem de cima, inacreditavelmente não vem realmente de cima.

Imagine uma grande cachoeira no alto de uma montanha. Imagine-a bela e brilhante, tente criá-la mentalmente e comece a olhar atentamente para ela.

Pare por alguns segundos e tente imaginar de onde você acha que vem a água que nunca para de jorrar de cima dessa montanha, há centenas e centenas de anos, talvez há milhões de anos.

-Será que vem tudo do nada? De onde vem tanta água, como ela não acaba nunca?

Logicamente ela não pode vir do nada.

-**Então de onde ela vem?**

A fonte da água que cai de cima de uma montanha, vem da mesma água que um dia já caiu por entre as pedras dessa mesma encosta, se transformou em rio e correu por entre as rochas, uma parte chegou até o mar e outra parte foi absorvida pela terra e se transformou em lençol freático. Através das forças ocultas do planeta foi levada novamente para cima daquela mesma montanha, fazendo-a cair montanha abaixo novamente, num ciclo eterno de vida e abundância.

A água que cai hoje por aquela cachoeira é a mesma que há milhares de anos já caiu ali repetidas vezes. Compreende?

O planeta se auto-alimenta e se auto-abastece constantemente. Um mecanismo perfeito, um organismo vivo e consciente, que luta sem parar para manter a vida na Terra.

Visto isso, voltemos a nossa para a roda d água.

-Consegue agora perceber que o que alimenta a roda d água é realmente a água que vem de cima? Porém essa água que cai é a mesma que um dia já passou por ali e agora corre novamente para baixo?

-Percebe que essa mesma água voltará e sustentará o movimento da roda?

Essa água que corre e segue é o próprio passado, ela vai, mas é exatamente ela que volta para alimentar tudo o que existe, porque o passado é a única coisa que realmente existe.

Isso é só um exemplo que utilizamos para demonstrar que a felicidade que tanto procuramos não está no futuro, porque não é o futuro que a fabrica, tão pouco está no presente, porque o presente é algo dinâmico e tem a função de transformar o futuro em passado o tempo todo, continuamente, exatamente como faz a roda d água. O presente serve somente como um veículo de transformação, um receptor e um criador de energia e movimento. Compreende?

Novamente, deve estar se perguntando:

-Mas dizem por aí que temos que viver o presente a qualquer custo, que o presente é a única coisa que existe e que temos de aproveitá-lo o máximo possível. Que o passado já se foi e não podemos ficar presos nele e pensando nele. Está tudo meio confuso para mim agora!

O presente faz parte desse processo e é muito importante, pois ele liga o seu passado a um futuro que ainda não foi criado. O presente é o intermediário, é a roda d água. O passado sim é real, o passado é sua história, sua trajetória, a base que o (a) trouxe até esse momento presente, não é o seu futuro que determina quem você é, o passado é que determina isso.

Portanto esquecer o passado é como apagar sua própria existência, não faça isso, pois nele, consistem todas as suas experiências, todos os seus aprendizados e todas as lições que um dia aprendeu e o (a) fez se tornar a pessoa que é hoje.

Quando ouve dizer para viver o presente, é para se preparar ao futuro que está por vir e não para tentar aproveitar o máximo dele.

É uma loucura querer viver no presente, pois o presente é dinâmico e não para nunca.

Veja o que você acabou de ler na página anterior, já se foi e já se transformou em passado. Compreende?

O que pensou há um segundo atrás, já se foi e também já se transformou em passado.

O presente é dinâmico e funciona como se fosse uma ***fábrica de passados.*** O presente funciona como a roda d água.

Aproveitar o presente a qualquer custo ou aproveitar o máximo do dia buscando prazer momentâneo não é uma coisa ruim, é claro, o problema é jogar tudo em função dele, esse é realmente o problema.

A apologia pela felicidade momentânea, é algo que foi criado apenas para aumentar em você a vontade de consumir desordenadamente um monte de coisas supérfluas que supostamente possam trazer uma falsa sensação de felicidade.

Esse tipo de conduta só estimula o consumo inconsciente, o que é extremamente prejudicial. O consumo desordenado e a ânsia pelo prazer fugaz, pode se transformar numa fábrica continua de frustrações.

O consumo inconsciente cria a necessidade de comprar ou adquirir muitas coisas ao mesmo tempo e quando se conquista o que tanto deseja, automaticamente a pessoa já se frustra por saber que, o que tanto desejava, já não é mais tão importante, pois algo novo já surgiu e deixou aquele sonho anterior totalmente ultrapassado.

Isso causa mais e mais ansiedade, um ciclo de frustrações, uma necessidade desenfreada e incontrolável de consumir e buscar a ***"felicidade"***, uma falsa felicidade.

Precisamos encontrar rapidamente algo mais prazeroso que compense esse vazio interior que nos persegue.

-Mas por que isso?

Isso tudo acontece porque a felicidade também não está no presente, momentos de alegria sim, podem estar no tempo presente, mas eles vêm e vão.

Momentos de alegria não podem ser considerados fontes de verdadeira felicidade.

A felicidade que você persegue incansavelmente não pode ser momentânea, felicidade não é a mesma coisa que alegria, felicidade é um estado de espírito, um sentimento nobre que só pode ser alcançado e compreendido através do exercício da gratidão.

Sim, a gratidão. Esse é o ponto.

-E onde podemos encontrar a gratidão? No futuro? No presente? Onde?

A gratidão só pode existir no passado, dentro do seu passado.

Saiba. O presente que você está vivendo agora, irá se transformar em passado daqui a pouco e se fizer a coisa certa, se basear suas ações a partir de hoje, pelo prisma do amor e do bem estar, se fizer o bem para si e para os seus, se cuidar da saúde do seu corpo e da sua mente como deve ser cuidado, então estará fazendo a coisa certa, pois no futuro, sem dúvida, você se tornará uma pessoa grata e certamente será abençoado (a) por tudo isso.

Olhará para trás e sentirá a gratidão por tudo o que fez um dia, tudo o que conquistou e poderá agradecer por todos os que lhe ajudaram e participaram da sua vida. Será uma pessoa ***Feliz,*** não por causa do futuro, mas sim por causa do passado, por ser grato (a) pelo seu passado. Compreende?

Gratidão: essa é a única fonte capaz de criar um verdadeiro sentimento de felicidade na sua vida.

****

Essas informações foram passadas pelo Povo Azul, os mesmos que nos instruíram para a escrita de todos os nossos livros. Eles nos dizem que assim deve funcionar a Lei, mas para que acreditemos nela, devemos vivenciá-la de verdade e colocarmos em prática todos esses conhecimentos em nosso dia a dia, do contrário, de nada adiantará o que eles estão nos passando através de seus ensinamentos.

Dizem que teorias são somente teorias e que sem a prática, as teorias são apenas conhecimentos e nunca poderão se transformar em real sabedoria.

A sabedoria só é dada para aquele que vive a Lei e vivencia as propriedades que ela pode proporcionar. Então comecemos a partir de agora a ancorar a verdadeira felicidade em nossas vidas.

A partir de hoje, sempre que estiver triste, ansioso (a), desamparado (a) e acreditando que a felicidade nunca vem, porque ela está à disposição somente dos outros e nunca para você, pare e retire a sua mente do mundo futuro e do presente, e volte a sua atenção no seu passado. Coloque toda a energia e as lembranças nele. Comece a se lembrar de tudo que foi bom na sua vida, as pessoas que passaram por ela e lhe ajudaram, as brincadeiras de criança e sonhos que você tinha e sabia que eram possíveis de serem realizados. Lembre-se de seus avós, de seus pais, seus irmãos e irmãs e, em seguida, leve a sua mente para sua carreira profissional, lá no comecinho, quando exercia trabalhos difíceis, e cansativos, mas que foram extremamente úteis para o seu aprendizado, lembre-se de todos os detalhes e veja como não poderia estar hoje onde está se não tivesse vivenciado tudo isso no passado, veja como não poderia estar fazendo o que faz hoje, sem o aprendizado que um dia teve no passado, lembre-se de tudo que estudou um dia e se sacrificou por isso.

-Naquele tempo parecia ser tudo tão inútil, não é?

Parecia mesmo, mas hoje você pode reconhecer que nada não foi feito em vão e que tudo teve uma importância e um significado. Veja como foi persistente e capaz de superar tantos obstáculos. Veja como hoje você é uma pessoa mais forte e mais confiante, pois viveu e aprendeu muitas coisas no passado.

O que aprendeu lá atrás é, nada mais nada menos, que a fonte do seu sustento atual, não é? Pois bem, será que você consegue sentir-se grato (a) por tudo isso? Temos certeza que sim.

Coloque toda a sua energia nisso e comece a agradecer pelo que já tem e pare de reclamar pelo que ainda não tem.

Dessa forma, sempre que estiver desencorajado (a) e acreditando não ser merecedor (a) da felicidade, pare e valorize o seu passado, pois ele é a única coisa que realmente existe na sua vida, todo o resto ainda está por vir. Pare de apostar todas as fichas na felicidade futura, pois a vida não é um jogo como muitos acreditam ser. Jogar é perigoso e arriscado, se não despertar para uma vida de verdadeira gratidão, talvez um dia, possa se arrepender de muitas coisas.

A gratidão é um sentimento nobre e não se aprende de uma hora para outra.

Quando começar a sentir a verdadeira gratidão no fundo da sua alma, então poderá se considerar uma pessoa realmente feliz.

A prática diária sem regras e sem treinamentos maçantes, trará os resultados que precisa e deseja.

O Povo Azul nos pergunta:

-Se tudo isso que estamos dizendo fosse uma inverdade, que a felicidade não está no futuro e nem no presente, mas sim no passado, então vossos avós que já viveram toda uma vida de conquistas e sucessos, estariam fadadas à eterna infelicidade, já que não podem mais desejar ou perseguir a felicidade para um futuro, pois não têm mais tanta perspectiva de vida?

Queremos que perguntem a eles, pois podem comprovar a veracidade desse ensinamento que estamos passando para você nesse momento. Eles sabem que a verdadeira fonte da felicidade é a própria gratidão.

Que a gratidão seja constante em sua vida e que a felicidade seja parte integrante dela a partir de hoje!

O Povo Azul.

A Lei da Eternidade

"Não se importe se haverá amanhã. Pois lhe deram um presente maior do que qualquer dúvida: A eternidade."

Às vezes entramos rapidamente no astral superior de forma consciente, mas isso dura somente alguns segundos, porém a sensação de bem estar é inexplicável quando isso acontece. Essa experiência fora do corpo é conhecida como projeção astral e ocorre quando estamos dormindo, o que é mais comum, ou pode ocorrer quando estamos acordados, neste caso precisa-se de muito estudo e aprimorar os conhecimentos extra-corpóreos para se ter êxito.

Todos que passam por essa experiência no astral superior, relatam que nesse pequeno intervalo de tempo, a extraordinária sensação de conforto e amparo que sentem os preenchem de tal maneira a não querer mais voltar. Esse sentimento é compreensível, pois é realmente uma sensação de religação, algo magnífico e praticamente inexplicável em palavras.

Esse ambiente é o grande Lar, a casa da eternidade, onde o amor e a verdade vibram com força total, um ambiente abundante e totalmente isento de qualquer tipo de sofrimento. Esse é o mundo espiritual, um mundo integral de amor e proteção. A casa do Pai, a casa que todos um dia retornarão. Nossa verdadeira morada.

Aqui, o plano físico das formas, é só uma escola, aonde viemos para passar um período de aprendizados. Esses breves acessos que muitas pessoas vivenciam no astral superior, o que alguns chamam de portais, surgem em certos momentos da vida para nos lembrar que o fim não existe, que a verdadeira vida não se resume somente a esta vida material e passageira, que tudo o que temos e possuímos, teremos de deixar aqui um dia e retornarmos ao grande Lar.

Todas as crianças vão para a escola, mas todas elas desejam sempre voltar para casa, não é?

Muitas pessoas mudam radicalmente suas vidas e suas condutas internas quando têm essas experiências e visões, mesmo que seja por apenas alguns segundos, a intensidade dessas experiências e a luz que elas emitem são tão marcantes que se tornam praticamente inesquecíveis.

Sim, essas experiências são reais e não são sonhos. Elas acontecem geralmente quando a pessoa está passando por um período de muito sofrimento, ou um período de muita crise interior, depressão e até desespero. Uma experiência divina que mostra que há muito mais vida além desta breve vida. Uma experiência libertadora e esclarecedora. Uma experiência que muda e muitas vezes salva a pessoa.

A magnitude da luz que se apresenta nesses poucos segundos é tamanha, que a pessoa nunca mais consegue ser a mesma, pois sua mente foi invadida pela grande luz, sua mente clareia e sua consciência expande exponencialmente. Ela se torna mais lúcida e mais esclarecida, pelo simples fato de receber luz divina em sua consciência. Esse é o momento da iluminação que tantos perseguem e procuram.

Iluminação é o mesmo que esclarecimento, esclarecimento nada mais é do que o ato de clarear a própria mente. Ser uma pessoa iluminada é ser uma pessoa lúcida.

Adquirir lucidez é a melhor maneira de trazer ***luz*** para as partes ainda obscurecidas das nossas consciências.

O encontro com a eternidade é simplesmente uma ideia libertadora e sem dúvida a mais esclarecedora de todas.

Quando compreendemos que a morte não existe e que só a vida existe, passamos a ***Viver a Vida*** e não somente tentar ***Sobreviver*** a ela.

Como é maravilhosa a sensação de saber que é possível viver para sempre!

"A mente que se abre a uma nova ideia, nunca mais volta ao seu tamanho original."

Albert Einstein (1919)

"Você vive hoje uma vida que gostaria de viver por toda a eternidade?"

A Lei da Vitória

A lei da vitória diz que o que for para ser, simplesmente, já é. Porque o tempo é uma ***Maia***, ou seja, uma ilusão da mente humana. O tempo é somente um portal que limita a visão do que já está previsto e determinado a acontecer.

A fé é capaz de tirar a cortina que veda os nossos olhos, a cortina que impede de vermos o que não está ao nosso alcance, devido às barreiras do tempo. Quando falamos que o que for para ser, já é, é porque realmente está determinado para acontecer.

Quando você tem a certeza de que irá vencer, é porque quando você dorme, sua consciência que nunca descansa, continua trabalhando incansavelmente, e acessa durante a noite, os portais temporais para lhe mostrar que tudo ocorrerá conforme o previsto, que a vitória é certa e deve seguir o que o seu coração manda.

A consciência não conversa com a mente, a consciência vai ao mundo espiritual e depois confessa tudo o que viu ao coração. O coração em seguida repassa as boas informações para sua mente.

Se o coração não estiver limpo e leve como uma pena, ou seja, banhado pela fé e pela certeza, certamente ele será impregnado pelas sujeiras da mente, essas sujeiras são o medo, a raiva, a discórdia, o desamparo e a pouca disposição. Então se o coração não estiver limpo e leve, a comunicação entre ele e a mente se torna deficiente e confusa.

O coração fala a língua dos espíritos e traduz tudo o que é ouvido para a mente, para que ela analise e coloque tudo em prática.

A consciência fala o idioma do coração, o idioma do mundo espiritual. O idioma do amor. A mente é racional, humana, mundana e complexa. A mente não fala a linguagem espiritual. Não se deve dar muita atenção para o que mente fala, pois a mente, na maioria das vezes ***mente***. O coração por sua vez, nunca mente, porque ele é a porta, o acesso, o contato e o porta voz do mundo espiritual, o mundo das ideias e dos ideais, o mundo da verdade e da luz, o mundo que criou e enviou você para este mundo e o mesmo que um dia lhe receberá de volta. O espírito nunca mente.

A vitória é o destino humano. O homem ou a mulher que deseja vencer na vida, deve antes escutar a voz profunda do seu coração e ouvir o que ele tem a dizer. Certamente ele irá lhe dizer o melhor caminho a seguir e a maneira mais adequada de fazer isso.

As condutas do Novo Mundo já estão sendo trazidas do mundo espiritual e sendo introduzidas nos corações das pessoas de bem ao redor de todo o mundo.

A mensagem principal é a necessidade de unir, conviver, compartilhar e repartir.

A mensagem do Novo Mundo diz que, se uma pessoa quer vencer plenamente na vida, ela deve antes vencer seus próprios medos, e se ela quer ser realmente feliz, ela deve ser grata e compartilhar com outrem, tudo o que um dia recebeu de alguém, pois no Novo Mundo não será possível ser feliz sem que as outras pessoas também sejam.

A pessoa que acredita que a vitória é algo individual e que ela não tem nada a ver com as outras pessoas, que a sua conquista independe das pessoas que convivem com ela, pode acreditar, esta pessoa está totalmente enganada e vivendo uma grande ilusão.

Vitória não é algo individual, pois não se pode conquistar nada sozinho. Aquele que acredita que tudo o que ele tem ou que possa ter na vida, vem somente através do esforço próprio, ele certamente está fadado ao fracasso e a infelicidade. A vitória verdadeira é aquela que se conquista junto com as outras pessoas.

"Se dois ou mais estiverem juntos, então Deus estará junto deles."

Consegue visualizar uma pessoa solitária comemorando uma vitória sozinha?

Certamente não, pois isso não é possível. Se uma pessoa estiver comemorando uma vitória sozinha, certamente ela estará no fundo, angustiada por isso, pois não está tendo o prazer de compartilhar sua alegria com alguém. A alegria de uma vitória solitária, pode imediatamente se transformar em tristeza e frustração.

A vitória sempre deve ser compartilhada com outras pessoas, caso contrário sequer pode ser considerada uma vitória, mas sim, um ato de egoísmo vazio e sem sentido.

* Preparação e Realização:

A realização de um sonho pessoal não tem nada a ver com merecimento, sorte ou coisa parecida.

Realização está totalmente ligada à palavra preparação.

-Será que está preparado (a) para receber os presentes que você mesmo (a) determinou a vir receber aí na Terra?

Pense nisso e comece a se preparar para ser uma pessoa vitoriosa em todos os sentidos. Acredite, tudo de melhor está determinado para acontecer na sua vida, basta aceitar a sua condição e se preparar para receber o que é seu por direito. Não pense que as coisas cairão do céu como milagres que precipitam de graça na Terra.

Deve se preparar para receber. Deve estudar, trabalhar, perseverar, investir, arriscar e tentar sempre, pois a hora que menos esperar o Universo lhe trará o presente que tanto deseja. Não se preocupe com nada, não tema nada e nem ninguém, vá em direção ao seu destino com amor e com ética, procure não usar outras pessoas de muleta ou de trampolim para chegar onde deseja, pois se um dia pisar em alguém, também será pisado (a) por outrem. Ao invés de passar por cima e querer ser o (a) mais esperto (a) e querer chegar primeiro do que os outros, opte por ajudar e cooperar com os que estão ao seu lado, pois no futuro próximo, aqueles que estiveram ao seu lado, lhe retribuirão da mesma forma, lhe ajudando a chegar onde realmente deseja chegar. O mundo é uma troca. Como diz o ditado popular, o mundo realmente dá voltas.

Não se consegue nada sozinho nesta vida, tudo vem através das pessoas. As pessoas são a fonte das realizações e a maneira pela qual se tem acesso a qualquer conquista neste mundo.

Vencedor é aquele que conquista a sua própria liberdade. Não a liberdade fútil, que diz que podemos ir para onde quisermos. Não estamos falando da liberdade de ir e vir, estamos falando da liberdade de consciência, de livre pensamento e de lucidez.

Se você quer ser uma pessoa livre, então lute para vencer seus medos mais profundos. Quem vence o próprio medo, vence o mundo.

"Vencer o próprio medo é a melhor forma de se tornar uma pessoa realmente livre."

As Dificuldades

"É no meio das dificuldades que se encontram as grandes oportunidades."

Nos momentos de crise, a imaginação é mais importante do que qualquer conhecimento.

Se você tem a tendência de pensar que o que está desejando é algo difícil de conseguir ou de conquistar, não significa que não conseguirá realizar o que deseja, significa que será realmente difícil de realizá-lo, somente isso.

No fundo não está dizendo que não irá realizá-lo ou que tem medo de não conseguir, está dizendo em seu íntimo, que conseguirá, porém, está sentindo que será difícil de conseguir.

Então o que está vibrando é o **difícil** e não o **não realizável**.

Se pensa que será difícil conseguir, então, certamente surgirão dificuldades no meio do caminho que dificultarão muito o seu trabalho, no entanto, se propor a realizar, sentir e disser com toda a convicção:

-"Trabalharei para que tudo se realize da melhor maneira possível e da forma mais adequada. Tudo o que se apresentar a mim a partir de hoje, não encararei mais como uma dificuldade, mas sim como um desafio. Não como um problema, mas sim como uma solução, como um novo caminho que está se apresentando. Não verei mais as dificuldades como uma fonte de sofrimento que me traz desânimo e me tira muitas horas de sono. A partir de hoje, verei as dificuldades e os obstáculos como uma fonte de aprendizado e crescimento".

Então seu desejo, por mais difícil que pareça ser, terá êxito. É de extrema importância mudar o foco e o padrão dos pensamentos, perante os problemas que surgem durante a vida. Todos têm problemas, alguns menos, outros mais, alguns piores, outros mais amenos, mas acredite, mesmo não parecendo, todos passam por dificuldades diárias, tanto o rico, quanto o pobre, tanto o mesquinho como o altruísta, tanto a pessoa de boa conduta, quanto à pessoa de má índole.

A ***dificuldade*** não escolhe aparência nem condição social, ela simplesmente surge no caminho daqueles que têm capacidade de enfrentá-la e vencê-la.

O vencedor é aquele que enfrenta e não se esconde atrás das fortes e grossas grades do medo e do orgulho próprio. Vencedor é aquele que não se intimida e nunca se sente preso.

"A prisão não é estar atrás das grades, como a liberdade também não é estar nas ruas. Existem homens presos nas ruas e outros livres nas prisões. Liberdade é somente uma questão de consciência."

Mahatma Gandhi (1849-1968)

Aceleração do Tempo

*** Mensagem recebida do Povo Azul:**

É perceptível e claro como estão sentindo a ação da aceleração do tempo aí na Terra.

Isso é plausível, pois estão adentrando para um novo modelo de vida, uma nova forma de viver as vossas vidas e lidar com os vossos egos inferiores.

Sabem quanto isso é necessário, para atravessarem de uma vez por todas as linhas invisíveis do esclarecimento mútuo.

Não há outra alternativa a não ser o esclarecimento rápido e preciso.

Dizemos isso com foco direto sobre a Lei das Causas e Efeitos.

Há uma legião aqui em trabalho de esclarecimento.

Um trabalho dificultoso sim, devido às grossas cascas acortinadas que ainda protegem as suas consciências, mas não há como impedir a força da Luz e da Verdade.

Em breve, a luz manásica chegará impávida e arrebatadora para trazer a clara e mansa luz azul que iluminará as vossas mentes ainda obscurecidas pelo medo e pelas mentiras, que há tanto tempo foram impostas a vocês.

O mundo físico é um mundo repleto de ilusões, e o medo é a maior de todas as ilusões.

-Se até mesmo a morte, a mãe de todos os medos, não pode existir, por qual motivo então, vocês têm de dar tanto valor aos pequenos infortúnios terrenos?

Todos os medos secundários são meros tentáculos do medo original, ou seja, o medo da morte.

Portanto queridos e queridas irmãs, não tenham medo da morte, pois só a ***Vida*** é o que realmente existe.

Parem e vejam como não há motivos reais para temerem. Somente para amarem.

O tempo está acelerando no cosmos para terem a possibilidade de avançarem a patamares evolutivos superiores que já estão se posicionando diante de vocês. Na verdade não é o tempo que está acelerando, o que está acelerando é a mente de Deus. O tempo é o reflexo da mente do Arquiteto Universal.

A aceleração do tempo vem de encontro com a aceleração dos processos de causa e efeito, a grande Lei do Carma, a lei que limpa, que regenera que esclarece e eleva o espírito humano.

Abram os seus olhos e comecem a enxergar o que está sendo mostrado a vocês.

O que fizerem a partir de hoje, ou seja, todas as ações terão seus efeitos praticamente imediatos. Verão isso através de vossos próprios olhos, tudo isso está acontecendo mais e mais a cada dia.

A diferença é perceptível se olharem para tempos passados.

No passado, para se observar a ação e a posterior reação a uma escolha ou a uma decisão tomada, era preciso esperar semanas ou até meses. Ás vezes era preciso esperar até uma vida inteira, não é. Tudo era realmente muito mais lento que hoje.

Daqui em diante, as reações serão praticamente imediatas, demorarão apenas alguns minutos ou algumas horas para ocorrerem.

A mentira, a enganação, a injustiça e o julgamento dissimulado, estão sofrendo uma gigantesca transformação. Não haverá mais espaço para os falsos artifícios do ego.

Não estamos dizendo somente sobre as mentiras e as enganações para com os outros, estamos dizendo principalmente sobre suas próprias mentiras internas, aquelas que escondem a sete chaves e nunca são ditas e descritas a ninguém, as mentiras íntimas, aquelas que mascaram as autocorrupções, as omissões e transformam suas ações diárias em sofrimento e culpa. Sim, a culpa, o velho e pesado fardo que cada um de vocês teima em carregar sobre vossas costas.

Vocês já começam a sentir os primeiros sintomas da aceleração do tempo em seus cotidianos. Já não suportam mais carregar tanto peso como carregavam antes. Já estão fartos de tanta culpa e de tanto sofrimento.

É chegado o momento de deixar esses pesados fardos cheios de sofrimentos para trás. Deixe-os em qualquer lugar, esqueçam-se deles, são todos frutos de sentimentos medrosos e mentirosos. Comecem a se alimentar do conforto da verdade e do amor.

-Sabem do que estamos falando, não é?

Estamos falando de responsabilidade, de autoenfretamento e de autoconhecimento.

O enfrentamento próprio é dificultoso num primeiro instante, mas ele é capaz de possibilitar rapidamente o delicioso **despertar de consciência.**

Somos orgulhosos de todos vocês, pela coragem que estão tendo de enfrentar tão dificultosos momentos aí na Terra.

Obrigado por mais uma manifestação.

O Povo Azul.

As Explosões Solares

"Nosso Planeta não sucumbirá! Muito pelo contrário, ele brilhará cada dia mais."

Sempre que falamos de temas como esse, temos que levar nossos pensamentos para o lado oculto e abstrato de nossas consciências, visto que o Cosmos e o Universo não são exatamente o que nossos olhos conseguem enxergar. O desconhecido é infinitamente maior que o conhecido.

Às vezes, achamos que sabemos muitas coisas e somos mais inteligentes que qualquer outro ser que possa existir, mas essa é uma grande ilusão.

Não sabemos quase nada sobre os segredos do Universo e sobre as coisas que nos rodeiam além das fronteiras da atmosfera terrestre.

A verdade absoluta não está disponível para os seres humanos, por enquanto, só temos acesso às verdades relativas, pois vivemos uma intensa relação entre o que somos e o que acreditamos ser.

Essa relação com o Universo, o Cosmos e a alta espiritualidade que nos cerca, é o que chamamos de Verdade Relativa.

Temos que nos contentar com ela, já que a verdade absoluta é filha do tempo e não da humanidade.

Desde meados do mês de novembro de 2010, estamos presenciando acontecimentos estranhos ao redor do mundo, como terremotos, tsunamis, furações, tornados e tremores de terra, com uma frequência muita alta, fora dos padrões históricos mundiais.

-Porque isso está acontecendo? O que está havendo com o planeta? Será que é o homem que está causando toda essa destruição?

São muitas as perguntas e poucas as respostas, não é?

Uma das principais causas de todos esses acontecimentos são as explosões solares.

Estamos entrando num ciclo intenso dessas explosões. São ciclos que acontecem a cada 11 anos. As explosões solares são gigantescas. Cada explosão desta, que se assemelha com uma grande taça, corresponde ao tamanho de mais de 1000 planetas como a Terra juntos.

Cada explosão solar movimenta uma carga eletromagnética extraordinária, capaz de destruir qualquer coisa que esteja na sua frente. Elas são chamadas de ***Ejeções de Massa Coronal***. Essas explosões só não destroem o planeta Terra, porque temos um escudo eletromagnético que nos protege e desvia a sua trajetória.

Essa massa eletromagnética é lançada no espaço e viaja por todo o Sistema Solar, passando por todos os planetas e pela Terra também. Pela Terra ela passa 8 horas após ocorrer à explosão no Sol.

No final de fevereiro de 2011, uma das maiores explosões solares aconteceu e depois de alguns dias, pudemos ver o que aconteceu no litoral do Japão, um grande tsunami causado por um descolamento de Placas Tectônicas. Infelizmente vimos também muita destruição e um grande número de mortes.

Nesse mesmo período, a Hungria divulgou um estranho aumento de 30% no número de causas-morte por ataques cardíacos. Algo nunca visto anteriormente.

O que queremos dizer com isso é que há muita coisa acontecendo no Cosmos, e que toda essa movimentação está mexendo com o nosso Sol, com o Sistema Solar, com a Terra e também conosco.

É uma cadeia de acontecimentos que vem do macrocosmo e chega até o microcosmo, atingindo os nossos corpos e as nossas células.

As explosões solares funcionam na verdade, como filtros de limpeza carmáticas.

Estamos sim, presenciando uma gigantesca limpeza no Astral Superior.

O Sol é um ser vivo consciente, como a Terra também é. Essa energia que ele emite é uma energia eletromagnética inteligente que trabalha para a evolução planetária, mas isso é algo totalmente oculto para os nossos olhos e para a nossa limitada compreensão racional. Ainda somos muito limitados para aceitarmos tais movimentações e tais desígnios espirituais.

Estamos todos ligados a um macro mecanismo e tudo o que acontece no Universo reflete também em nós e no nosso meio ambiente.

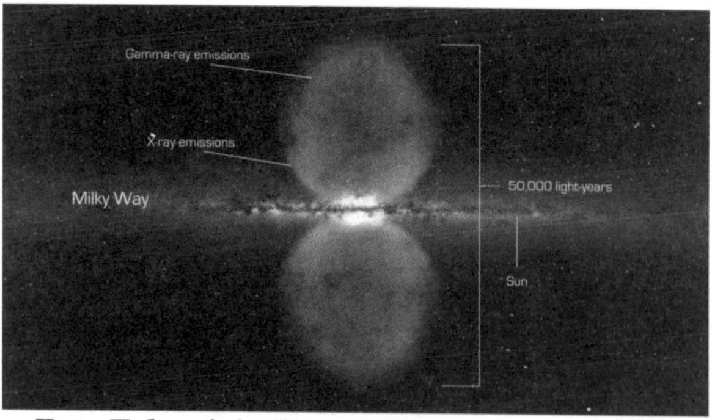

Foto Telescópio Femmi (Novembro de 2010)

Uma grande explosão luminosa aconteceu no centro da nossa Galáxia, no ano de 2010. A nossa galáxia é a Via Láctea, e no seu centro está o que chamamos de O Sol Central. Algo tão gigantesco que se torna difícil de imaginar, mas a NASA conseguiu fotografar em novembro de 2010, através do telescópio

FEMMI, essa grande massa de luz que está vindo do centro da Galáxia até as fronteiras do nosso Sistema Solar.

Como uma grande onde de luz, um tsunami de energia, essa força está prestes a chegar por aqui.

Como se fosse uma grande onda do mar, a força de propulsão dessa massa está puxando as bordas de toda a espiral galáctica, e nós como estamos na periferia da Galáxia, estamos sentindo com muita intensidade essa força. Como se fosse um grande funil ou um grande ralo. Estamos sendo puxados como elásticos. A aceleração do tempo que dissemos anteriormente é o reflexo deste movimento galáctico.

Um dos sintomas é o encurtamento do tempo, ou melhor, a percepção dele. Vejam como os dias parecem estar mais rápidos e tudo está muito mais acelerado.

É muito difícil explicar em poucas palavras os detalhes desses movimentos que estão ocorrendo ao redor do nosso ninho galáctico, mas nossos irmãos interdimensionais azuis, vêm nos dizer que estamos próximos de presenciar algo nunca antes visto, ou seja, estamos prestes a vivenciar um arrebatamento luminoso que mudará radicalmente a consciência humana e a maneira pela qual nos relacionamos conosco, com os outros e com o Universo e a Natureza.

Além disso, teremos a oportunidade única de reconhecer que não somos realmente os únicos habitantes e os únicos seres conscientes do Universo, que não estamos desamparados no meio desse imenso vazio como acreditamos estar e que não somos seres órfãos que foram um dia, rejeitados pelo Criador.

Conheceremos de uma vez por todas quem nos criou. A grande luz não trará destruição, catástrofes ou qualquer coisa do gênero, muito pelo contrário, ela trará sim, esclarecimento e lucidez a todos os povos da Terra. Uma avalanche de prosperidade e confiança invadirá o planeta, modificando todos os sistemas arcaicos e obsoletos de inter-relacionamento humano, dando início então, a ***Grande Era de Ouro da Humanidade***.

A Grande Luz retirará o peso e a culpa de todos e trará à tona, novamente a vontade de viver e compartilhar a vida com o próximo. Será o presságio e a manifestação integral da grande Lei do Amor descrita há mais de 2.000 anos pelo Grande Mestre da Era de Peixes: ***Yoshua Ben Pandira,*** o querido mestre Jesus. Será o início definitivo da ***Lei do Compartilhamento Mútuo***.

"O Universo é infinito, cresce para sempre e em todas as direções. Nós somos como ele. Nunca paramos de evoluir."

Conheça a coleção completa GoodBooks dos mesmos autores.

---

* A Lei da Atração é marca registrada. Todos os direitos das obras são reservados aos autores. É proibida qualquer publicação ou cópia sem prévia autorização dos mesmos.

Informações Adicionais:

Site Oficial
www.leidaatracao.com.br

Blog Oficial:
http://leidaatracao.blogspot.com

Facebook Oficial:
Carlos Torres & Sueli Zanquim

Canal Oficial no Youtube:
http://www.youtube.com/user/SZANQUIM

Twitter:
@cttorres

Fale com os autores:
leidaatracao@terra.com.br

EDITORA
ERA DE OURO